SEM PAI NEM MÃE

DIÁRIO DE LUTO
E AMOR APÓS
PERDER MEUS PAIS
PARA O CÂNCER
EM SEIS MESES

CLAUDIA GIUDICE

© 2023 **Claudia Giudice**

Direção editorial: **Bruno Thys e Luiz André Alzer**
Capa, projeto gráfico e diagramação: **Pedro Menezes**
Ilustrações: **Claudia Giudice**
Revisão: **Isabela Politano Larangeira**
Foto da autora: **Nil Pereira**

Dados Internacionais de Catalogação na Publicação (CIP)
(eDOC BRASIL, Belo Horizonte/MG)

G537s   Giudice, Claudia.
           Sem pai nem mãe: diário de luto e amor após perder meus pais para o câncer em seis meses / Claudia Giudice. – Rio de Janeiro, RJ: Máquina de Livros, 2023.
           176 p. : il. ; 14 x 21 cm

           ISBN 978-65-86339-11-6

           1. Giudice, Claudia – Diário. 2. Luto. 3. Pais – Morte – Aspectos psicológicos. I. Título.

                                                              CDD 920

Elaborado por Maurício Amormino Júnior – CRB6/2422

Grafia atualizada segundo o Acordo Ortográfico da Língua Portuguesa de 1990, em vigor no Brasil desde 2009.

1ª edição, 2023

Uma publicação da **Editora Máquina de Livros LTDA**
Rua Francisco Serrador 90/902, Centro
Rio de Janeiro/RJ – CEP 20031-060
www.maquinadelivros.com.br
contato@maquinadelivros.com.br

Nenhuma parte desta obra pode ser reproduzida, em qualquer meio físico ou eletrônico, sem a autorização da editora.

Para Chico.

APRESENTAÇÃO

O sangue não é vermelho por acaso. O alerta repetido pela amiga médica era um sinal de urgência. Mas nem de longe refletia o que viria pela frente. Naquele dia, um súbito episódio de hemorragia, sofrido pela mãe, fez com que Claudia cancelasse seus planos e deixasse sua pousada em Arembepe, Bahia, para voar ao encontro de Marina em São Paulo.

Mudar de planos não era exatamente novidade na vida da jornalista, executiva e agora empresária e escritora Claudia Giudice. Ela já conhecia e lidava bem com os movimentos tortuosos e imprevisíveis da vida profissional e até classificara de morte simbólica a troca forçada do emprego que amava para renascer dona do próprio negócio de turismo, acalentado um dia como plano B de uma aposentadoria. Nenhum alerta vermelho, porém, a preparara para enfrentar o que estava por se revelar em poucas semanas: a metástase do câncer de endométrio da mãe, diagnosticado e tratado um ano antes e, dias depois, a descoberta de outro tumor maligno, desta vez do pai, Paulo, no pulmão, enorme, terminal.

Às vésperas do ano em que o mundo viu a cara feia da morte na pandemia do Covid 19, Claudia viveu, em um espaço de apenas seis meses, o seu flagelo pessoal: os cânceres simultâneos e a morte dos pais idosos. Primeiro Paulo, depois Marina.

"Sem pai nem mãe" conta a história desses poucos meses. Intensos, duros, tristes, amorosos, corajosos, mestres. E traz, ao mesmo tempo, o relato do profundo amor que os antecede, permeia e sucede.

O luto antecipatório, desconhecido e indesejado, não é, como o adjetivo sugere, uma antessala do luto, ou sua precipitação. É o luto, ele mesmo, em suas mil formas, doses e camadas. É por ele que Claudia nos conduz nesse diário cheio de idas e voltas, lágrimas, reflexões, descrições, perguntas e respostas. Ela percorre, com a desenvoltura e fidelidade aos fatos que seus anos de repórter lhe deram, aquilo que o luto, insidiosamente, nos apresenta em silêncio: a primeira camada, no caso da doença dos pais, é a compulsória inversão dos papéis. A filha, não por acaso mulher, morre ali para virar mãe e pai dos pais. Sem guia, manual, treinamento e, pior, sem a autoridade que a missão exige. Suas orientações, mesmo as mais sensatas, acertadas e necessárias, não serão facilmente acatadas por quem está sendo cuidado. A inversão dos papéis não vem com uma troca de mando na hierarquia familiar. Morrem ali, na rotina da ex-executiva, o controle, o poder de decidir, a garantia de que suas diretrizes serão seguidas. Nasce a cuidadora leiga e obstinada, capaz de aprender os termos médicos, lidar com os remédios, atenuar as dores, pedir ajuda. E de contar passos solitários nos corredores do hospital para não enlouquecer.

Mas não dá muito tempo de processar a nova versão de si mesma. Os sentimentos de perda não ficam enfileirados para serem vividos ou absorvidos em ordem. São simultâneos, como as doenças paternas. Enquanto uma nova filha/mãe/pai é criada, a filha/filha vê os pais amados perderem, muito rapidamente, levados pela agonia do câncer, aquilo que aprendeu a amar, admirar e a identificar neles. Paulo, o gigante de olhos azuis e amante de carros conversíveis, já não vê prazer em uma taça de champanhe, a impecável Marina já não consegue vestir o *twin set* elegante e cantar com o neto.

Sua beleza é roubada, seus cabelos, enfraquecidos, junto com sua antiga maestria de agir com delicadeza e de fazer só o que quer. Claudia olha para os dois e entende que os ama assim mesmo.

No meio do furacão, ao mesmo tempo (tudo é sempre ao mesmo tempo), há, devidamente registrado no diário, aquilo que podemos chamar de "beleza colateral" do luto. No caminho acidentado, surgem sopros de genuína felicidade. São momentos encantados que quase justificam todo o cenário de guerra: no tempo que Claudia teve o pai em sua casa, para cuidar dele de perto e poupar as forças da mãe, as séries maratonadas juntos, as risadas, pequenos goles de frapê de coco. Depois da partida de Paulo, já em plena pandemia, ficar de mãos dadas com Marina no silêncio surreal e ouvir o canto dos pássaros numa das avenidas mais movimentadas de São Paulo, agora vazia. As conversas sem pressa de mãe e filha, o tempo suspenso lá fora.

"Sem pai nem mãe" é, o tempo todo, uma linda história de amor. Que se agiganta perto do fim. E não acaba nunca.

Cynthia de Almeida
Jornalista e cocriadora do projeto
Vamos Falar Sobre o Luto?

PRÓLOGO

Comecei a escrever por vício. Sempre que algo me aflige, me preocupa, me dói muito, eu escrevo. É um jeito de colocar para fora o medo, os fantasmas, a preocupação, o sofrer. Em geral, funciona. Dessa vez, serviu de conforto no princípio. Mas as dores, a angústia e a aflição foram maiores que o verbo. Parei. Calei. Foram 11 meses de silêncio. Só consegui voltar ao assunto faz pouco tempo. Precisei de cuidados e muita terapia.

Agora escrevo porque preciso contar, porque preciso lembrar e porque acho que pode fazer bem a alguém que esteja passando por uma experiência parecida com a minha. Fiz um diário. Reuni memórias. Conversas por WhatsApp. Anotações em guardanapo, papel de pão e agenda. A escrita não é literal nem cronológica, mas contém sentimento, emoção e muito amor. Os desenhos também são meus. Alguns são toscos, quase feios. Publico-os porque estão repletos de emoção. Aprendi a fazê-los quando estava no fundo do poço. A aquarela foi arteterapia para mim. Hoje é uma paixão. Acho, inclusive, que já desenho melhor e não pretendo parar. Perder o controle na água e na tinta me fez muito bem.

A solidão de quem convive com quem está doente e sabe que vai morrer é grande. Profunda. As angústias são monumentais. Se na época eu soubesse o que sei hoje, tenho certeza de que teria feito mais e melhor por meus pais. Na vida e na morte, o tempo certo é o hoje. O tempo do amor. Só ele importa.

NÃO TENHO MEDO DA MORTE

Não tenho medo da morte
Mas sim medo de morrer
Qual seria a diferença
Você há de perguntar
É que a morte já é depois
Que eu deixar de respirar
Morrer ainda é aqui

(*Não tenho medo da morte* | Gilberto Gil)

Eu achava que não tinha medo da morte até engravidar e ser mãe.

Eu achava que não tinha medo da morte até saber que minha mãe desistiria da quimioterapia e enfrentaria o câncer do jeito que fosse.

Eu achava que não tinha medo da morte até saber que meu pai também tinha um tumor no pulmão e muitas metástases.

Eu achava que não tinha medo da morte até perdê-los.

Primeiro um, depois o outro, em um período de apenas seis meses, sendo três deles durante a pandemia de Covid.

Eu achava que não tinha medo da morte porque eu não sabia como se morre. Sabia menos ainda como era morrer de câncer, a doença que na minha infância era denominada "a coisa".

Eu achava que não tinha medo da morte porque nasci no Dia dos Mortos e me achava experiente.

Eu achava que não tinha medo da morte porque quase morri mais de uma vez, entre acidentes e problemas de saúde. Durante alguns anos, achava que estava morrendo a todo instante.

Eu achava que não tinha medo da morte porque considerava ter morrido quando perdi o emprego de uma vida. Por isso, quando escrevi o primeiro texto sobre a morte e a doença dos meus pais, fui infantil, pretensiosa, ridícula. Tão ridícula que sinto aquele calor de vexame sempre que releio. Publico-o aqui, bem no comecinho do livro, para purgar a vergonha. Para me expor – propositadamente – e expiar minha culpa. Reler as cretinices é um jeito de não esquecer. De seguir aprendendo. De renovar a compreensão sobre o incompreensível.

Ele era assim:

Nasci no Dia dos Mortos, 2 de novembro de 1965. Logo, para mim, morte é vida. Não sou mórbida, mas esse assunto não me incomoda tanto quanto vejo incomodar as pessoas que conheço. Desde pequena, planejo meu funeral e meu enterro. Quero doar meus órgãos úteis e ser cremada. As cinzas vão para o mar de Arembepe, na Bahia. Se não der muito trabalho. Se der, podem soltá-las por aí. Elas saberão onde cair.

Tenho 54 anos. Nesse período, vi a cara da morte algumas vezes. Ela apareceu para mim e para pessoas que eu quero muito. Sofri um acidente grave de carro aos 17 anos. Aos 27, tive uma doença séria de pulmão. Senti medo, nas duas vezes, de partir antes da hora. Hoje, quando o avião chacoalha, sempre penso que vivi muito e bem. Não que eu deseje morrer, mas se chegar a hora, vou em paz. Vou apenas sentir saudade, como em qualquer despedida.

Em 2014, fui demitida de um emprego que era verdadeiramente minha vida. Três anos depois, preparando um texto para fazer uma palestra para 300 mulheres, percebi que minha demissão tinha sido uma morte. Metafórica, claro. A Claudia jornalista, executiva e workaholic morreu para reencarnar em uma pessoa mais solar, relaxada e empreendedora.

Doeu, mas valeu a pena morrer. Deve ser esse o sentido positivo da reencarnação para os que acreditam nela. Aprender com a vida. Aprender com a morte. Mudar e recomeçar.

Nas palestras que fiz por aí, e em alguns textos que escrevi, gostava muito de falar em planos B. Acho que eles são uma ferramenta importante para encarar as mudanças, as perdas e o crescimento. Recomendo ter plano B para tudo. Usá-lo sem parcimônia para tocar a vida com mais leveza e prazer.

Costumava dizer que existe plano B para tudo, menos para o fim. Mudei de ideia hoje, quando decidi escrever sobre ela. A morte tem andado perto de mim desde meados de setembro, quando descobri que meu pai e minha mãe estão doentes. Os dois juntos, com a mesma tenebrosa enfermidade. Não parece existir cura. Apenas sobrevida. Nesse e em outros casos, às vezes, não existe mesmo plano B para evitá-la. Mas acredito que pode haver, sim, planos B para lidar melhor com a hora de partir. Teremos que morrer vivendo, como canta Gilberto Gil.

O propósito deste texto é entender a morte. Refletir por que temos tanto medo dela. Acalmar o coração, afinal, ela é a sina de quem está vivo. Espero que ele seja útil quando chegar a hora.

Claudia Giudice, a arrogante, em outubro de 2019.

EPITÁFIO PARTICULAR

O carro estava pronto para a viagem a Olinda. Caixas de isopor e malas vazias preenchiam o fundo da caminhonete de cabine dupla, estacionada na Pousada A Capela, em Arembepe, Bahia. A Capela era o meu plano B. Foi inaugurada em 2012, como um projeto de pré-aposentadoria para o jornalismo. Não demorou muito para que eu precisasse dele. Em 2014, fui demitida da saudosa Editora Abril, onde trabalhei por 23 anos. Assumi a vida sem crachá. Administrar a pousada se tornou meu trabalho principal. Vivi na ponte aérea São Paulo – Arembepe para poder seguir cuidando do meu filho único, Chico, então com 15 anos, e dos meus pais, Paulo e Marina.

A minha família é micro. Perdi meus avós cedo e tive pouco contato com primos e outros parentes. Meu único irmão, Pedro, foi morar no Rio de Janeiro, onde hoje compartilha a guarda do filho, João, com a ex-mulher. Quando o time paulista encolheu, ficamos ainda mais grudados. Falava diariamente com meus pais. Eles participavam da minha vida e eu, da deles. Quando estava em São Paulo, os encontros eram diários e sagrados. Almoços em nossos restaurantes preferidos, passeios no shopping e no Clube Pinheiros, que fica no bairro onde morávamos. Um grude delicioso.

O carro, que estava pronto, não deu partida. O plano de viajar até Olinda, Pernambuco, para fazer compras de arte popular na Fenearte, foi abortado. Horas antes, minha mãe havia me telefonado para contar que tivera uma hemorragia e estava indo para o hospital. Como sempre, ela minimizou o problema e tentou me tranquilizar. Não queria que o projeto da viagem, planejada havia

meses, fosse abandonado. Antes de tomar uma decisão, escrevi para Roberta, minha amiga de infância e médica, para saber a opinião dela e perguntar o que faria no meu lugar. Somos como irmãs, e minha mãe era meio mãe, meio tia dela também. Da Finlândia, onde passava férias, sua resposta foi taxativa:
– Esqueça Recife. Volte agora para São Paulo. Amiga, não é por acaso que sangue é vermelho...
Conversa encerrada, comprei a passagem. Fui direto para o aeroporto. No caminho, pedi a Santa Dulce que não fosse nada. Estava nervosa. Ansiosa. Chorei pela primeira vez. Rezando a essa nossa santa de devoção, eu pensava: minha mãe é tão jovem, tem tanta vida. Não há de ser nada.
Foi. Em julho de 2018, minha mãe, Marina, 75 anos, foi diagnosticada com câncer de endométrio. Grau 3. Tumores vários. Foi operada para retirar o útero – que abriga o endométrio – e os nódulos e iniciou um tratamento com quimioterapia.
Tinha que fazer 12 sessões. Quis se submeter a apenas seis. Não aguentou as dores, os efeitos colaterais e, principalmente, a queda de cabelo. Ela jurava que não, mas todos sabíamos, porque conhecíamos o tamanho da vaidade dela. Perder os cabelos era um golpe terrível. Minha mãe era uma das mulheres mais elegantes que conheci. E garanto que fui apresentada a muita gente rica, bonita e arrumada em minha carreira de jornalista.
A família acatou a decisão dela. Não houve muita insistência. Marina sempre foi irredutível. Sempre comandou. Sempre decidiu. Nunca respeitou ou acreditou em médicos. Por hábito, ignorância e medo de lutar e perder, eu disse amém. Me esforcei para acreditar que ela estava certa. Que ficaria bem, que teria mais qualidade de vida e, por milagre, poderia estar curada com as poucas aplicações feitas.

– Não suporto, não suporto a quimioterapia. Chega, acabou – decretou Marina.

Foi tudo difícil e rápido. Teve dores, enjoos e perdeu a sensibilidade dos pés. Também sofreu com duas ascites, um efeito colateral da químio, que faz o abdômen ficar cheio de água. Parece uma gravidez de líquido. Assustador.

Em dezembro, o pior parecia passado e ela havia voltado a sorrir. O cabelo, raspado antes do tratamento, estava crescendo. O corpo esquelético mostrava-se mais forte, depois de sofrer um bocado. Às vésperas do Natal, Marina estava magrinha e animada. Comprou roupa nova e viajou para a pousada. Quando fomos a Salvador, pediu para visitar o Santuário Santa Dulce dos Pobres, sua melhor amiga baiana. Topou tirar uma foto sentada ao lado da estátua de bronze da benfeitora, que fica dentro da confeitaria do Santuário. Colocou suas mãos (e sua vida) nas da santa. Estranhamente, não sorriu para a fotografia, como eu pedi. Estava séria. Os olhos, preocupados por trás dos óculos escuros. Olhava nervosa para o futuro.

Naquele dia, eu não perguntei nada. Até devia, mas tinha receio de tocar em assuntos delicados. Não queria vê-la ainda mais frágil. Ela sempre foi perguntadora, mas não se atreveu a questionar: "Será que vou escapar dessa? Será que verei Chico na faculdade? Será que vou morrer?".

Na noite de Natal, Marina vestiu uma roupa nova. Um *chemisier* azul-marinho com estampas de antúrios turquesa e laranja. Estava linda! No pescoço, seu colar de ouro Cartier, o único que ela nunca teve coragem de penhorar na Caixa Econômica para pagar alguma conta atrasada. Paulo, seu marido e meu pai, também estava bem. Tinha emagrecido um pouco, com a diabetes aparentemente controlada. Bebeu champanhe e comeu o que quis. Ninguém lhe deu bronca. Tudo foi festa nessas férias muito felizes.

Marina conheceu uma jornalista, minha amiga dos tempos de Abril. Ela ficou enternecida com as dores daquela jovem mulher, tão bela e encrencada. Ouviu-a. Consolou-a. Se abriu também, contando novamente as agruras do câncer.

A única tristeza de Marina naquele Natal foi não ter a companhia de Chico, sua maior paixão, que tinha ficado com o pai em São Paulo, para vir à Bahia no Réveillon. Chico foi um amor tardio. Primeiro neto, sintonizou-se com a avó na primeira troca de olhares. No colo dela, ele dormia. Nos braços dela, nunca chorava. Na companhia dela, ouvia e contava histórias. Ria a se fartar. Comia e fazia tudo o que queria, à revelia das ordens paternas e maternas. Eles eram cúmplices, eram amigos. Se divertiam muito, sós e na companhia do avô Paulo, irreverente, irônico, bonachão, cujos olhos azuis se enchiam de água sempre que via Chico sorrir.

– Os filhos crescem, filha. Mas depois eles sempre voltam.

Era assim que Marina se consolava. Tinha fé, otimismo e a certeza de que tudo acabaria bem no final. Se preciso fosse, até dava uma choradinha e depois seguia em seu mundo divino e maravilhoso. Ela tinha uma enorme dificuldade de lidar com problemas graves, doenças, dores e perdas. Quando algo errado acontecia, fugia da realidade, criando um roteiro próprio, preenchido por meias-verdades e muitas mentiras sinceras. Não era maldade. Tratava-se de uma defesa. Filha de um médico monossilábico e distante e de uma mãe com graves transtornos psiquiátricos, que ameaçava se matar com uma tesoura de costura sempre que confrontada, Marina criou-se sem apoio, carinho e amor. Com os pais, aprendeu a engolir o choro, a reprimir desejos, a ser muito obediente, comportada, gentil, perfeita. Para sobreviver, tornou-se roteirista do seu conto de fadas particular.

Foi assim com o câncer. Por mais que os médicos explicassem, por mais que todos repetissem, por mais que tudo já estivesse traduzido no doutor Google que tanto consultava, ela se recusava a aceitar que a doença, quando mal tratada, não sumia. Ao contrário, voltava mais veloz, furiosa e faminta.

TRÉGUA

Marina nasceu em maio. Naquele mês, olhar-se no espelho já não era mais um filme de terror. Estava mais magra, um pouco abatida, mas os cabelos tinham crescido. Meio crespos, é verdade. Com jeito, bobes e laquê, ela deixava-os sempre bem penteados. O figurino voltou a ser caprichado. Lamentava-se, porém, das dores nos pés, efeito colateral da quimioterapia, e do herpes-zóster, que aproveitou a baixa resistência para se manifestar. Apesar dos pesares, no retrato em que aparece ao lado de seus dois amores, Paulo e Chico, revela-se feliz de novo, convicta de que a doença tinha desaparecido do seu corpo.

BODAS JUNINAS

Olha pro céu, meu amor
Vê como ele está lindo
Olha praquele balão multicor
Como no céu vai sumindo

Foi numa noite igual a esta
Que tu me deste o teu coração
O céu estava assim em festa
Pois era noite de São João

(*Olha pro céu* | Luiz Gonzaga e José Fernandes)

Na festa junina do Colégio Santa Cruz, Marina era só orgulho ao ver Chico dançar quadrilha com a amiga Laura. Ela amava o festejo. Em 24 de junho de 1960, conheceu meu pai na festa do clube. Marina adorava contar como se deu. Em uma entrevista gravada por Chico e outros dois colegas do Santa, narrou o episódio com riqueza de detalhes:

Conheci o Paulo no Clube Pinheiros. Eu ainda não era sócia, mas ia muito lá por causa dos bailes. Naquela época, os pais deixavam as filhas irem nesses bailes porque eram tidos como seguros, familiares e também um bom lugar para se encontrar namorado rico (risos). Era noite de São João, eu tinha 17 anos e fui para me encontrar com um rapaz. Minha família fazia gosto, porque ele era de família conhecida, aquelas coisas... E o Paulo, meu marido, que era sócio do clube, foi na festa junina encontrar a Regina, sua colega de faculdade. Eles namoravam e estudavam arquitetura juntos. Ele gostava dela e ela adorava ele.

Não sei o que aconteceu que, no meio do salão, nos encontramos. Eu olhei para ele e pensei: "É ele". E ele olhou para mim e também deve ter pensado: "É ela". Então, quando os fogos de artifício começaram a estourar, fui atrás dele. Cheguei perto e perguntei: "É perigoso? Eles podem cair na nossa cabeça?". O Paulo sempre foi seguro, sossegadão... Olhou para mim, sorriu e disse que não. E estamos juntos até hoje.

Foram 63 anos assim. Marina reclamava muito de Paulo, mas sempre repetia que ele a protegia. No dia da festa junina de Chico, sem que nós percebêssemos, havia um sinal de alerta. Paulo não quis ir à festa. Justo ele, que gostava tanto da escola, onde concluiu o colegial na remota década de 1950. Para não provocar pânico, disse que ficaria em casa fazendo alguma coisa. Havia meses meu pai reclamava de dores nas costas insuportáveis, que não se resolviam com tratamento algum. A dor e a ausência passaram batido: era um homem silencioso. Reclamava pouco e preferia ficar em seu canto, sozinho, quando não estava bem.

Naquele junho, minha mãe também foi comigo em sua última festa de casamento. Era a boda do Felipe, filho da Giselle, minha amiga de infância, junto com Roberta. Somos um trio inseparável e elas eram como filhas para a minha mãe. Giselle fez questão de convidá-la para a cerimônia e a festa, uma imensa gentileza, já que o casamento reuniria poucas pessoas. O clima da celebração era de família. Marina estava belíssima de preto, com um colar de âmbar. De brinde, andou no luxuoso Mercedes-Benz de Campora, marido de Roberta. Um dia carinhoso e muito chique, como ela gostava. Chegou em casa radiante.

– Mercedes são carros silenciosos, filha.

A FOTOGRAFIA

Nas férias de julho, meu irmão costumava nos visitar em São Paulo. Dois anos antes, havia se mudado para o Rio de Janeiro. João, seu filhote, era o neto caçula de minha mãe. Ela ficava feliz, excitada e nervosa quando eles vinham. Marina não gostava de mudanças em sua régia rotina. No clube, depois do almoço, o grupo se juntou para um retrato. Ficou lindo. Paulo e Marina abraçados ao neto caçula. Hoje, percebo: a luz doce da cena e o sorriso meigo da criança enganaram a realidade. Marina estava nervosa, mas bem. A coisa era com Paulo. Estava magro, fraco, apoiava-se em uma bengala. A desculpa era a dor nas costas, tratada meses a fio com fisioterapia e Novalgina. Ele reclamava, mas não o suficiente para uma intervenção. Tinha as costas tortas por maus hábitos e falta de exercício. Parecia normal que sentisse dores aos 79 anos. Como havia emagrecido, todos estavam felizes.

Paulo era diabético e ficara obeso a partir dos cinquenta e poucos anos. Comia muito, bebia bem e fumava dois charutos por dia. Desde 2010, vivia com apenas um rim. O outro fora retirado por força de um câncer revelado pelo sangue na urina. Como minha mãe, odiava médicos. Como minha mãe, foi surpreendido pela doença, se tratou mais ou menos e depois nunca mais fez exames ou check-ups. Ele e ela só ouviam um ao outro e só faziam o que queriam.

Ter perdido peso era uma vitória, jamais sinal de doença. Também vendera o carro e caminhava mais: fazia o trajeto de casa até o clube a pé. Ia e voltava os quatro quarteirões da Avenida Faria Lima. Era uma nova conquista, um sinal de boa saúde. Tudo errado.

Tudo ao contrário. Meu pai estava magro porque já definhava, roído pela coisa chamada câncer no pulmão.

Meu pai visitou meia dúzia de ortopedistas incapazes de solicitar um raio X, que revelaria o câncer. Meu pai conviveu conosco e fomos incapazes de perceber que ele emagrecia porque estava doente, que tinha dor e inapetência porque estava sendo devorado pelo câncer.

CHAMADO VERMELHO

ALÔ, FILHA!!!!!!

Oito letras, uma vírgula e a entonação inconfundível da minha mãe para um momento de imenso desespero. Eu estava na Bahia, trabalhando, quando ela me ligou. Tinha ido ao banheiro urinar. Sentiu algo estranho. Algo mais denso que urina saindo pela bexiga, uretra, vagina. Era vermelho.
De novo?
– Filha, estou no clube. Antes de subir para almoçar, decidi ir ao banheiro. Senti um troço quente, grosso, pesado, saindo de mim. Quando eu olhei a privada, estava vermelha. Filha, não acredito... achei que estava curada, que estava livre desse tormento. O que eu faço, filha?
– Mãe, sem A nem B, vai agora para o hospital.
E ela foi com meu pai, meu filho e meu ex-marido, Silvio, para o hospital Beneficência Portuguesa, a BP. Eu fui para o computador procurar uma passagem para São Paulo. Essa ligação aconteceu na sexta, 13 de setembro. Cheguei no dia 14 à noite, a tempo de participar do almoço de aniversário do Chico. Ele completaria 17 anos no dia 16 e eu faltaria às comemorações por causa do trabalho e do preço alto de um retorno de avião. Destino é destino.
Roberta, sempre ela, me ensinou e repetiu a regra óbvia do sangue: não é vermelho por acaso. O sangramento da minha mãe era um péssimo sinal. O câncer mal tratado no ano anterior tinha voltado. Ela, que havia retirado os tumores do endométrio e feito meia dúzia de sessões de químio para tentar evitar metástases, decidiu interromper o tratamento e encarar o futuro.

Erro. Erro crasso. As células malignas não se foram com o endométrio. Ficaram firmes e fortes e tomaram a bexiga e os ureteres. Depois do almoço festivo do meu filho, fomos ao hospital consultar um novo oncologista. Ele era jovem e bonito. Loiro de olhos azuis. Minha mãe disse que foi com a cara dele. Chamava-se doutor Lucas. O planejado era conversar antes com o médico dela, doutor Guilherme. Fomos.

– Doutor Guilherme, minha mãe está bem. Desde a semana passada, não teve outro sangramento. Está tomando os remédios e fará uma ressonância na quarta, uma tomografia na sexta e todos os exames de sangue. Enfim, ela aceitou fazer exames de imagem sem reclamar. Ela entendeu o processo. Não quer fazer quimioterapia, mas aceita fazer rádio e eventualmente algum outro tratamento. Estou com esperança.

Estava.

O ditado popular ensina que "do chão ninguém passa". Eu acreditava nisso até receber uma ligação da minha mãe às 7h30 da terça-feira e descobrir que o chão se abre e podemos despencar em um novo abismo.

FILHA, SEU PAI TEVE UM TROÇO! ESTÁ MALUCO! CORRE, CORRE AQUI!!!!!!!

Quase dei um cavalo de pau na ladeira da Rua Aspicuelta, na Vila Madalena. Meia-volta, rumei para a casa dos meus pais. Pelo agudo do grito, era sério. Imaginei minha mãe correndo pela casa, ainda de *peignoir* e bobes na cabeça, fugindo do meu pai, armado com um martelo. Cogitei encontrá-lo banhado em sangue e minha mãe desfigurada. Ou o contrário.

Parênteses psicanalítico: tenho uma mania de sempre pensar no pior. É a minha proteção. Vou ao fundo do poço e retorno em busca de ar. Na maioria das vezes, me dou bem. Meu pensamento é sempre pior do que a realidade e fico achando que estou no lucro. Dessa vez, não foi bem assim. O pior estava mais longe e era muito, muito pior.

Quando entrei no apartamento, minha mãe estava viva e meu pai também. Não estava louco, mas muito confuso. Falava coisas estranhas, não se lembrava direito do que havia acontecido e tinha dificuldade para se locomover. Corremos para o hospital. Chegando lá, o diagnóstico foi rápido. Crise aguda de hipoglicemia. Estava com uma taxa baixa, muito baixa. Alto risco. Atendimento a jato. Semi UTI. Açúcar nele. Exames.

PAUSA PARA O CAFÉ

Eu sei, o título não tem pé nem cabeça. Essa história também não, menos ainda o meu dia. Saí de casa às 6h45 para levar meu filho à escola. Tinha planos bucólicos. Na volta, tomaria café, compraria remédios, passearia com o cachorro, trabalharia e me prepararia para cuidar da minha mãe, com novos cânceres de estimação, nesta nova fase da primavera. Parecia uma tarefa hercúlea, mas tinha seu lado lúdico.

No meio do caminho, a ligação. Gritos. Informações trocadas e truncadas. Doença nova na parada. Agora, com meu pai. Meu velho pai. Aquele cara, meu amigo, meu herói gigante, que me tirou de muitas frias e que também aprontou o suficiente para eu nunca ter tido medo dele. Nem muito respeito. Apenas um absurdo carinho. Minha mãe sempre teve muito ciúme disso.

Pai no carro, caminho do hospital. Preferia aeroporto. Preferia Bahia. Preferia carro conversível. Nossas paixões secretas. Paulista vazia, chegamos logo.

Ilusão, ilusão, diz pra ela que horas são?

Mexe aqui, acolá, investiga. Aprofunda. Testa. Examina. Colhe. Pica. Futuca.

Quem procura, acha? Claro. Foi rápido. Bastou um raio X e um bom médico, doutor Yuri, nunca esquecerei o nome dele. Gentil, ele me chamou no canto:

– Olha isso aqui – cochichou.

Ele não sabia que eu era craque em pulmão por causa dos problemas que tive, jovem, com os meus. Antes que ele pudesse falar algo, resumi:

– Que tumor enorme! Por isso ele sentia tantas dores nas costas e nos ombros! Acha que é maligno? – perguntei, inocente. Com a cabeça, doutor Yuri fez um leve movimento indicando que sim, era.

As cabras que eu havia expulsado da sala, quando imaginei o não realizado massacre da serra elétrica na casa dos meus pais, voltaram todas saltitantes, gritando bééééééé.

Dia 17 de setembro de 2019: pais idosos com cânceres simultâneos e mortes anunciadas.

OBVIEDADES

Até aquele dia, eu ainda não havia compreendido que vida e morte são irmãs e parceiras. Uma depende da outra. Uma não existe sem a outra. Tipo zero e um. Preto e branco. Copo vazio e copo cheio. Naquele dia, entendi que teria de conviver com "a coisa" e me preparar para ser a melhor filha para os meus pais.

Não encontrei um guia. Não encontrei respostas prontas. Fiquei respirando, tateando, apoiada por todos os sentidos, mãos e ombros de amigos e médicos. Foram muitas, muitas dúvidas. Se soubesse mais sobre a morte, certamente teria sido mais carinhosa e eficiente nos cuidados com eles. Teria aproveitado mais nossos momentos de intimidade. Perguntado mais sobre eles. Contado mais sobre mim. Teria feito confidências. Teria pedido perdão pelos meus erros, pedido opiniões e conselhos. Teria contado histórias. E, principalmente, teria tido mais calma e menos ansiedade na tomada de decisões.

Não acho que seja possível escrever um guia sobre como morrer. Mas o silêncio sobre o assunto é aterrador. A morte é indesejável, assustadora e, por isso, ninguém quer falar muito sobre ela. Alguns acham que falar a atrai. Ok, pode até fazer sentido. Mas entender como se morre pode ajudar o doente e a família dele. Pode diminuir as dores advindas da dúvida e proporcionar mais alento e qualidade de vida. O processo é pessoal e intransferível, mas saber como é, por que é, entender os tempos da dor e da solidão pode iluminar esse túnel às vezes longo, às vezes abrupto e sempre tortuoso.

Será que se minha mãe soubesse o suplício que é morrer de câncer, ela teria feito quimioterapia? Será que se lhe dissessem que ela enjoaria e teria vontade de vomitar cem vezes mais sem o tratamento, ela não teria aguentado firme? E se algum médico tivesse tido a coragem de olhar fundo nos olhos dela e dizer: "Dona Marina, sem a químio, a senhora vai morrer em dois anos e será uma morte muito dolorosa"? Será que ela não teria mudado de ideia? Será que poderia estar aqui para ver o Chico feliz, estagiando e cursando Letras na USP, e para celebrar a matrícula do neto João, sorteado para estudar no Colégio Pedro II, no Rio, do qual ela tanto gostava?

Para, para o mundo que estou fora. Quero descer. Mentira. Não existe escapatória. Só tem o fim, aquele que só chega quando acaba.

MINHA CANÇÃO

Devia ter complicado menos
Trabalhado menos
Ter visto o sol se pôr

Devia ter me importado menos
Com problemas pequenos
Ter morrido de amor

Queria ter aceitado
A vida como ela é

(*Epitáfio* | Sérgio Britto)

Quando o diagnóstico de câncer de pulmão foi confirmado, doutor Yuri veio falar com meus pais. Contou de modo didático e tranquilo o que era, como era e o que poderia ser feito. Não entrou em detalhes. Avisou que tudo seria confirmado pelo oncologista, que viria visitá-lo. Meu pai ouviu em silêncio, com os olhos baixos, consternado, cara de apavorado. Minha mãe ficou lacônica. Fez uma única pergunta, surpreendente e reveladora:
– Doutor, ele vai ficar muito tempo internado? Nós odiamos ficar no hospital. Paulo é muito ativo, sabe. Andava parado por causa dessa dor nas costas...
Marina deixou o câncer de lado, fez de conta que ele não existia e transformou a internação no seu maior problema. O importante era voltar rápido para casa. A resposta foi sim. Foram duas longas semanas de hospital. Tempo de meu pai completar 80 anos com bolo e velinhas trazidas por Silvio, pai do meu filho, genro para sempre querido e dedicado.

Cantamos os parabéns fingindo esperança e alegria. Foi um desafio. *Parabéns pra você, nesta data querida! Muitas felicidades! Muitos anos de vida!!!*
 Marina o ajudou a soprar as velas. Àquela altura, sobravam dores e faltava ar. Os olhos azuis, que eu amava, estavam o tempo todo molhados de emoção, dor e pavor de morrer. Ficar tanto tempo no hospital foi terrível para ele e um alívio para Marina e também para mim. Naqueles dias, aprendemos como cuidar dele e como organizar a nova vida.
 – Filha, o que faremos quando o seu pai sair?
 – Mãe, ele irá para a minha casa. Vai morar comigo. Você não tem condição de cuidar dele. Também está doente. Precisa descansar e se preservar.
 – Mas, filha, eu nunca dormi longe do seu pai desde que casei com ele...
 – Dormiu, sim! Quando ele ficou em Mato Grosso, você ficou sozinha.
 – Verdade, voltei para cuidar de você. Era um motivo muito importante.
 – Quando ele trabalhava em Belo Horizonte, vocês dormiam separados no meio da semana...
 – Está certo, filha. Eu acho que eu não aguento mesmo. Será que vou conseguir dormir sem ouvir o ronco dele?
 – Eu tenho absoluta certeza.

A CARA DA MORTE

Minha mãe sempre foi uma mulher linda. Elegante. Arrumada. Entendi que ela estava morrendo durante um exame para retirar água do seu abdômen. Ela tinha tido uma ascite. Estávamos no hospital e ela tremia de medo. Também estava magra, pálida, careca. Vestia um daqueles aventais azuis. Encolhida como um feto na maca, olhei para ela e não a reconheci.

A MÃE CARECA

Foi um flash. Olhei para o lado e vi. Ela, minha mãe, a mulher mais linda e elegante do mundo, careca.
Careca.
Eu a vejo careca há três semanas, logo depois de ter iniciado a quimioterapia. Abstraí. Naturalizei. Montei meu silogismo. Minha equação lógica. Mulheres com câncer se submetem a químio. Quem recebe químio perde o cabelo. Minha mãe fez químio, perdeu cabelo e ficou careca.
Hoje, a visão foi irracional. Ilógica. Vi a MINHA mãe careca. Não era uma mulher doente. Era a minha mãe, a mulher mais linda e mais elegante do mundo, doente e careca.
Onde? Quando? Por quê?
O flash foi flash, mas nele couberam todas as indagações deste mundo de meu Deus. E a descoberta uterina: minha mãe está doente. Minha mãe está careca. Minha mãe pode morrer. Eu não sei como é viver sem mãe.
Naquele dia, uma tarde cinza e fria no segundo semestre de 2018, ela desistiu do tratamento contra o câncer. Decidiu parar tudo. Decidiu voltar a ter cabelos. Decidiu viver o que podia viver. Acreditou, sem contar para ninguém, que ficaria curada sozinha. Acreditou que conseguiria dar um jeito na realidade e na doença para viver o seu mundo perfeito.
Eu não sabia que pior do que descobrir a mãe careca era viver sem mãe.

CONVERSA QUE NÃO É DE CABELEIREIRO

– Mãe, posso fazer uma pergunta? Se não quiser responder, não responde.
– Claro, filha.
– Você parou de fazer quimioterapia porque perdeu os cabelos e se sentiu muito feia?
– Não. Vamos almoçar onde?
– Mãe, por que você nunca usou a peruca de cabelos verdadeiros que eu comprei para você?
– Porque não me senti bem. Preferi usar meus lenços mais simples, mais pobrinhos. Era muito luxo.
– Mas eu já tinha comprado. Tinha pago...
– Desculpe, filha. Eu sempre estou dando despesa.

Essa era minha mãe. Tinha habilidade única de fazer apenas o que queria. Um talento raro para mentir, embromar e não ofender. Suas ofensas eram disfarçadas e silenciosas. Estavam nas entrelinhas, nas meias palavras e no jeito aperfeiçoado de fazer de conta que era uma pessoa simples, franciscana e sem preconceitos.

SOFRIMENTO

Buda escreveu sobre o sofrimento. Ensinava que é uma parte natural da vida e que todos somos afetados por ele. O mais irremediável de todos é o sofrimento do sofrimento puro, a dor física que muitas vezes não pode ser vencida nem pelo mais forte dos remédios. Apontou o sofrimento decorrente da mudança, como a perda de algo que desejamos, ou sofrimento por não possuir algo desejado. Além destes, Buda falou sobre o sofrimento da existência condicionada, que é fruto da existência limitada, impermanente e insatisfatória. A causa do sofrimento, segundo ele, é o apego e a ignorância. Portanto, ele pode muito bem ser superado a partir da compreensão dessas causas, da meditação, da ética e do desenvolvimento da sabedoria. Por meio dessas práticas, podemos transcender o sofrimento e alcançar a iluminação – o que significa a libertação do ciclo interminável de nascimento, morte e renascimento.

Minha mãe nunca se interessou pelo budismo e nunca soube que, para Buda, a compreensão do sofrimento é essencial para a busca da felicidade e da paz interior. Ela sofria mais do que todo mundo porque não aceitava que os problemas, a velhice, as perdas, os erros, as contrariedades são normais e múltiplos. Ela tinha uma crença tão profunda no perfeito, que, quando ele parava de funcionar, fazia de conta que se mudava para um mundo paralelo, lindo, só dela. Quem a via no clube, no shopping, na pousada, imaginava uma pessoa forte, inabalável e sempre altiva. Mentira. Por dentro, era só destroços. Sofrimento intenso, agudo, forte. Dor física e psíquica dia e noite, especialmente nas horas da madrugada em que era acossada por pesadelos terríveis.

SE EU SOUBESSE QUE NÃO SABIA

CONVERSA POR WHATSAPP:
SÃO PAULO, BRASIL – PORTO, PORTUGAL

Flávia Ruiz – Hello. Como estão as coisas? Algum alívio?
Eu – Oi, meu amor. Sim, vários. As coisas estão se resolvendo (!?!, só que não). Minha mãe teve o diagnóstico fechado. Câncer no pulmão, na bexiga e nos ureteres e a decisão de não fazer químio. Logo, vamos rezar e lidar com um problema de cada vez.
Meu pai descobriu que o câncer de pulmão é uma metástase tardia do câncer no rim direito, que ele teve e extirpou. Não dá para operar. Os médicos estão estudando o tratamento. Acho que melhor do que a químio é a imunoterapia. Falta um exame para fazer e por isso ele ainda não saiu do hospital.
Daqui pra frente, um outro jeito de viver. Mais leve. Menos encanado. Porque nada vale a pena. Só o presente. Minha mãe faz de conta que está feliz. Meu pai só quer sair do hospital. E eu relaxei. Estou mais leve e com menos medo. Do chão ninguém passará. E você? Como vão as coisas?
Flávia Ruiz – Eu... bom... nesse momento em absoluta admiração pela coragem, dignidade e sabedoria de vcs todos aí. É raro... muito mesmo. Sim, o que vale é o presente. E ser verdadeiro em todo momento. Porque pode muito bem ser o último, ao menos deste ciclo que conhecemos. Uma amiga muito querida de infância esteve aqui comigo hoje. Almocei com ela, o pai e a mãe dela, que conheço desde criança. Fico pensando na passagem do tempo. Enfim... Lembrei do meu avô.

A melhor pessoa que já conheci. Um doce de ser humano. Tão profundo e tão cheio de sentimento. Ele morreu de repente, em casa... Eu tinha sonhado com a cena, tal e qual, um mês antes. Eu falo com ele de vez em quando... faço umas conversas meio orações. Com o tempo, eu me acostumei com a saudade.

Eu – Que bênção você seguir conectada com seu avô. Você já me falou dele. Eu também tenho rezado muito para a minha avó paterna e para Nossa Senhora da Boa Morte.

Flávia Ruiz – Nossa. Eu penso muito nisso. Que a morte seja gentil com as pessoas. Seja amiga, como foi com meu avô.

Eu – Morrer como um sonho, durante uma soneca. Sem ansiedade, angústia, medo e sofrimento.

Flávia Ruiz – Isso. Seu pai se chama Paulo, certo? Sua mãe, Marina. Seu pai tem o nome do meu pai e sua mãe, o nome da minha filha. Vou rezar por eles com nome e tudo.

Eu – Muito obrigada. A mãe do meu pai chamava-se Gina. Estou pedindo para ela ajudá-lo.

PETER PAN MORRE?

Adorava o livro do Peter Pan quando era menina. Na praia, ajoelhada na arrebentação, eu me imaginava a indiazinha Lily Tigre. Na história, o Capitão Gancho a amarrava numa pedra para que ela se afogasse quando a maré subisse. Ele era mau, mas não muito. Nunca conseguia matar ninguém, porque sempre planejava alguma forma de sofrimento anterior à morte. Este hiato permitia que a vítima fosse resgatada por Peter Pan e seus amigos. Peter, por sua vez, parecia ser imortal na Terra do Nunca. Não envelhecia. Não se machucava. Não sentia dor. Era sempre jovem. Era invencível, invulnerável. Por isso dizia, fanfarrão, que morrer era uma grande aventura. Peter Pan não estava errado, mas essa aventura pode ser muito, muito doída.

MORTE NATURAL CRUEL OU ATROZ

As noites de vigília de alguém que cuida de um doente podem ser muito longas. Quando não conseguia dormir ou não podia dormir, porque precisava ficar atenta aos meus pais, eu me distraía pesquisando e tendo ideias. Buscando mais informações sobre a morte para tentar entender (e oxalá antecipar) o que aconteceria com meus pais, achei um texto bizarro sobre como a crueldade e a atrocidade fazem parte da nossa história.

No *Livro V das Ordenações Filipinas* – conjunto de leis que serviu de base para o direito português à época do Brasil Colônia e que vigorou por mais de 220 anos – previa-se a pena de morte em duas versões: morte natural cruel e morte natural atroz. Na morte cruel, o corpo do condenado era objeto de vingança e, por isso, devia ser torturado vivo. A finalidade era prolongar o sofrimento da vítima. No caso da condenação por morte natural atroz, a vítima seria torturada, teria seus bens confiscados e a família seria atingida até a geração dos netos. No fim do século XVIII, o direito português previa a morte natural para sempre: proibia o sepultamento do cadáver, que teria as partes do corpo expostas até a decomposição completa.

Durante a doença dos meus pais, lembrei muitas vezes das Ordenações Filipinas, porque não é preciso estar condenado para morrer sofrendo.

O DIA, O HOJE, O AGORA. O TERMINAL

CONVERSA POR WHATSAPP:
BUFFALO, ESTADOS UNIDOS – SÃO PAULO, BRASIL

Doutor Wadih Arap, amigo, oncologista, escreveu:
– Oi, Claudia, como você está? Como vão as coisas? Eu e Renata estamos em Buffalo, mas voltamos amanhã para Nova York. Podemos ajudar?
Renata Pasqualini, amiga de infância, cientista especialista em câncer, casada com Wadih, seguiu com as mensagens:
– Claudia, querida, novamente, estamos muito tristes com a situação. Ter pai e mãe em estado terminal é surreal. É muito difícil saber o que fazer e lidar com tantos fatores inesperados. Esperamos que as coisas caminhem do jeito mais leve. Wadih pode opinar sobre as opções de terapia se a cirurgia estiver, realmente, fora de questão. A imunoterapia funciona bem com câncer de pulmão. Novamente, estamos aqui à disposição para o que precisar. Ter uma doença grave transforma a realidade do nosso cotidiano e da nossa existência. Estaremos em contato permanente. Por favor, cuide-se também.
A mensagem chegou como um carinho. Um abraço. Um aconchego. A resposta foi débil, porque parecia engraçadinha. Disfarce de alguém alquebrado, destroçado, esfrangalhado:
Eu – Bom dia, queridos. Vocês são as primeiras pessoas que conheço que foram a Buffallo. Por favor, contem como é.
Por aqui, muitas decisões.

1. Meu pai ainda está internado. O motivo é a facilidade para fazer exames. A indústria dos planos de saúde e dos hospitais é uma loucura. Como estou pagando a parte diária do apartamento, somos bem-vindos aqui. Ok, é a vida. Ainda falta o tal Pet Scan, cujo pedido extraviou etc. etc. E, nessas horas, a medicina e a economia se misturam à literatura e me encontro em um capítulo de *O processo*, do Kafka. Ontem, o dia foi só de burocracias.

2. A novidade é que a biópsia revelou que o câncer de pulmão é metástase do câncer no rim que ele teve em 2010, lembram? (perdão se estou escrevendo mal, mas foi assim, "leigamente", que entendi). Os médicos pediram que eu buscasse a anatomopatologia feita naquela época. O resultado deve chegar em uma semana. Por enquanto, a turma aqui da BP descarta operar o pulmão para retirar o tumor. Risco demais. Vantagens de menos. Ele deve ter alta em breve. Em 15 dias deve iniciar o tratamento com imunoterapia. Faz sentido? Espero que sim.

Nesse dia a dia de convivência diuturna com meu pai, 80, minha mãe, 76, com suas histórias e mazelas, rezo, literalmente, por um tempo de delicadeza. Pai e mãe ficaram felizes com o descarte da cirurgia, dos seus riscos e dores. Estão cientes da gravidade da situação e, ao mesmo tempo, estão tranquilos (na medida do possível).

3. Minha mãe decidiu partir para os cuidados paliativos. Desde o ano passado, se recusa a fazer quimioterapia. Com o diagnóstico dos tumores no pulmão, bexiga e ureteres e a absurda dificuldade dela de fazer qualquer exame, o doutor Guilherme – que tem uma paciência monstruosa para lidar com ela – recomendou deixar quieto. Achou inútil fazer broncoscopia, afinal, para que saber o tipo de câncer se ela não vai tratar com químio? Idem em relação aos ureteres e à bexiga.

Por conta disso, meus cuidados paliativos com ela são fazê-la comer bem, descansar e diverti-la. É incrível, mas enquanto está assintomática, ela, em seu mundo paralelo, acredita que está bem. Ontem, depois das decisões, estava feliz e em paz. Todos os olhos dela são para meu pai. Ela acha que ele está pior do que ela. Eu confesso não saber dizer quem está pior.

4. Ontem à noite, quando as peças foram se encaixando, confesso que senti um enorme alívio e uma absurda paz. Dormi até sem ler os e-mails. Hoje acordei, olhei em volta e não senti medo pela primeira vez nos últimos 15 dias. Na próxima semana, levarei meu pai ao doutor Álvaro Sarkis, nosso querido amigo. Sem agonia. Entendi que o melhor para eles agora é aproveitar ao máximo o dia. O hoje. O agora.

5. Todo esse turbilhão mostrou o quanto sou feliz e sortuda. Tenho amigos incríveis como vocês. Obrigada. Sei que parece bobo, mas faz um bem danado merecer tanto carinho.

Mandem notícias de Buffalo. Beijos.

NO ESPELHO DO OUTRO

CONVERSA POR WHATSAPP:
SÃO PAULO, BRASIL – PORTO, PORTUGAL.

Flávia Ruiz – Oi! Pensando em vc... How are you?
Eu – Oi, querida. Saudade. Estou bem. Organizando minha casa e lidando com a nova realidade.
Flávia Ruiz – Difícil? Ou surpreendentemente simples? (Isso às vezes me acontece em momentos limite da vida...).
Eu – Boa pergunta. Vc sabe que sou trator. Tenho por hábito simplificar as coisas. Tornar tudo prático.
Flávia Ruiz – Bom pra você. Na verdade, eu vejo isso como um "aceitar a vida". A vida é um fluxo contínuo para frente.
Eu – Enquanto minha mãe estiver bem, é mais fácil. E aceitei que, neste momento, minha vida pessoal está em segundo plano. Meu pai ainda está no hospital e isso virou um problema. Ele não quer comer nem falar, está triste, deprimido. Tem sido grosseiro. Isso impacta na minha mãe. Neste momento, sou como o bêbado e o equilibrista. Preciso manter um delicado equilíbrio entre os dois.
Flávia Ruiz – Puxa... Total. Situação, na verdade, única... Nunca vi um caso assim. Cada um tem que lidar com a própria doença e a doença do outro ao mesmo tempo.
Eu – Sim, a morte no espelho e no outro. O tempo todo.

EM CASA, NA FRENTE DA TV

Quando meu pai teve alta do hospital, reorganizamos nossas vidas. Para poupar do trabalho doméstico minha mãe doente, trouxe Paulo para minha casa. Marina ficou sozinha no apartamento onde moravam. Ele gostou da nova rotina e rapidamente tomou posse do sofá da sala e do controle remoto da televisão. Enfim, era o líder. Podia mudar de canal um zilhão de vezes. Podia maratonar seu seriado preferido, *The Big Bang Theory*, e gargalhar com as bobagens do Sheldon. Logo me acostumei. Várias vezes, parei o que eu estava fazendo para conversar. Ele me explicava sobre a série e seus personagens:
– Eles são gênios, filha. Por isso, vivem em um mundo diferente das pessoas normais. Fazem coisas nonsense. O humor deles é irônico, estão sempre tirando sarro de nós, meros mortais, enquanto pensamos que eles é que são ridículos.

Quando a programação acabava, meu pai trocava para o canal History. Era doente pelo programa *Trato Feito*, reality show que exibe os negócios realizados na loja de penhores Gold & Silver, localizada em Las Vegas. Colecionador de canetas, cachimbos, bengalas e presépios, meu pai ficava fascinado pelo entra e sai de tranqueiras. Aparecia de tudo. Livros raros. Casaco do Elvis Presley. Múmia egípcia. Charutos do John Kennedy. Feito criança, ele torcia pelas barganhas. Comentava se achava bom ou mau negócio. Era divertido. Eu me envolvia, participava dos comentários. Foram momentos lindos de pai e filha.

A ESPERANÇA NA VEIA

Hoje meu pai começou a imunoterapia. O tratamento da vez contra câncer de pulmão. Esperamos a química ficar pronta. São 90 minutos de aplicação de Ipilimumab e outros 60 de Nivolumab. As drogas com nome de nuvem têm uma estratégia de combate autoimune. Prometem fazer o próprio organismo se revoltar contra as células cancerígenas e, dessa forma, destruir o tumor. Os efeitos colaterais são menores. Dizem. O que de pior pode acontecer? Sentir fraqueza severa e dificuldade para andar – meu pai já as sente. Diarreia é uma boa notícia para quem tem prisão de ventre, como ele. Dor abrupta e descontrolada, com a qual convive faz algum tempo. Náusea. Febre. Dificuldade de respirar – ele tem muita, porque o tumor é no pulmão, do tamanho de duas bolas de tênis empilhadas. Cor amarelada da pele ou olhos e urina escura. Parece mais ou menos bom. Meu pai dorme quase o tempo todo. É tranquilo e cordial. Fazer companhia a ele é fácil. Às vezes, tosse. Às vezes, se mexe. Raramente reclama. Ele não tem motivo para dormir tanto. Pergunto se está cansado. Pergunto por que dorme, e ele não responde. Acho que dorme para fugir do medo. Para não pensar. Para não precisar explicar ou perguntar.

   Meu pai sempre dormitou. Nasceu com a capacidade de ligar o foda-se para assuntos chatos, pessoas chatas, situações chatas. Nunca teve vergonha de parecer indelicado, indiferente ou antissocial. Ele é o que é. Se gostam dele, ótimo. Se não gostam, tanto faz. Pode ser a pessoa mais divertida, falante e encantadora do mundo. Pode ser mudo, seco, grosseiro, também. Meu pai é o oposto da minha mãe. Em tudo. Só foram iguais e unidos na doença, solidários no câncer.

Enquanto esperamos a droga ficar pronta, observo meu pai dormindo. Ele magro, curvado, de boca aberta e torta, não se parece com o homem que eu procurava olhando para o alto no supermercado. Também não lembra o galã de olhos azuis que me ensinou a gostar de carros conversíveis. Ele perdeu massa muscular e alma. Tem preguiça, tédio, medo. Dorme e foge. Mas não quer morrer. Por isso, respira de boca aberta.

Vendo de fora, porque sempre foi impenetrável em seus sentimentos, acho que ele tem mais medo de morrer do que vontade de viver. E por isso resiste. Sem muito empenho. Com poucos movimentos. Não briga, não reclama, não lamenta. Apenas respira fraco. Agora até mesmo sem produzir ronco.

No dia em que o texto acima foi escrito, não sei explicar o motivo, estava tomada de esperança. Esqueci a frase da minha amiga cientista sobre ter pai e mãe em estado terminal e fiz o jogo do muito contente. Deve ser um recurso psíquico para ter forças e seguir em frente. Meu pai sabia jogar esse jogo.

Nunca o vi chorar de tristeza ou dor. Ele chorava com textos, novelas, filmes e situações bem banais, como apresentação de criança no colégio. Chorar porque algo triste aconteceu, nunca vi. Não chorou quando os pais morreram. Não chorou quando fui abusada na infância. Não chorou quando sofri acidente e quase morri. Minha mãe teve câncer antes dele. Ele seguiu impávido. Firme. Jamais se desesperou. Jamais clamou a Deus. Achava que tudo ia ser como deveria ser.

Também nunca vi meu pai perder a fome. Comer sempre foi a ação principal, fundamental, da vida dele. Quando jovem, eram dois os motivos da vida: comer e foder. Escrito assim parece que ele era um ogro. Não era.

Inteligente, criativo, engraçado, podia ter sido artista. Não foi porque casou cedo. Podia ter sido advogado, porque tinha um ótimo discurso. Não foi porque sabia desenhar bem e ainda menino decidiram que seria arquiteto. Não discutiu. Ele acatava quase tudo. Só brigava feio no trânsito. E com minha mãe. Era amor. Curiosamente, nos últimos dois meses de vida, por causa do câncer, perdeu o prazer de comer. Eu oferecia de tudo. Até os alimentos mais proibidos para um diabético como ele. Não queria nada. Não aceitava nem champanhe, sua bebida preferida. Um dia, inventei de fazer frapê de coco, a bebida da adolescência dele. Tomou dois dedinhos. Me senti realizada. Eu amava meu pai.

VERDADES SINCERAS

Me arrependo sempre que brigo com alguém. Adianta o quê? Nada. No final das contas, quem perde sou eu. Agora estou aqui, num sábado esquisito, trancada em casa, velando meu pai que dorme, cansado, por causa da "coisa" que lhe rói o pulmão e do tratamento de imunoterapia que lhe consome as poucas forças. De tempos em tempos, quando para de roncar, vou até ele checar se respira. Respira sim, bem fraquinho, mas respira. Exala um gás carbônico que empesteia o quarto. Cheiro de morte será assim?

Na internet tem tudo. Verdade ou mentira, tem tudo. Fiquei curiosa pra saber se a morte tinha um cheiro característico e dei um *google*. Achei uma matéria suspeita sobre uma pesquisa de cientistas belgas publicada na revista especializada *PLOS One*, que diz o seguinte:

> *O novo estudo, realizado por pesquisadores da Universidade de Leuven, na Bélgica, identificou 452 compostos orgânicos voláteis que são emitidos depois da morte. "A mistura desses compostos poderá ser usada, no futuro, para dar um treinamento mais específico para cães farejadores", disse a química Eva Cuypers, que liderou a pesquisa.*

Humanos, porcos, coelhos, toupeiras e aves foram analisados. Em resumo, descobriram que, logo após a morte, os corpos exalam hexanal, composto químico característico do aroma único de grama recém-cortada, que pode ser encontrado em vários produtos de sabores frutais. Após isso, os cadáveres também liberariam substâncias usadas para fazer perfume, tinta e removedor de esmalte (!!!???!!!).

Não. O cheiro que sinto no quarto do meu pai não é de grama recém-cortada nem de substâncias frutais. Lembra, de longe, o bafo do charuto que ele fumou durante anos. Cheiro de ressaca. Fico enjoada e saio para comprar desodorantes de ambiente que lembram o cheiro do mar. Não encontro, mas fico feliz com um tubo de Lysoform, que lembra limpeza de hospital e o banheiro da casa da minha avó quando eu era criança.

EU

Hoje revisitei minha história e fiz contas. Há 35 anos, saí de casa para morar sozinha e mandar no meu nariz. Maio de 1984. Estava no segundo ano da faculdade e celebrava meus 18 anos recém-completados. Meus bens eram a carta de motorista, um sofá de madeira da Tok Stok, uma TV portátil de 18 polegadas, roupas e livros. Meus pais se mudaram para o interior e eu fiquei só em um apartamento enorme na Rua Guarará, nos Jardins. Em algum lugar, devo guardar uma foto da sala vazia, só com a tevezinha ao fundo.

De lá, fui viver na Avenida Angélica 2121, Edifício Brasília, em um apartamento alugado só para mim, com 50 metros quadrados e cama vermelha king size. Na geladeira, vodca e cerveja. Na despensa, miojo e sopa instantânea. Fui feliz lá, onde morei sozinha por oito anos. Casei e vivi sem grande responsabilidade doméstica por outros dez. Chico nasceu em 2002, mas confesso que poucas vezes fui à cozinha preparar a comida dele. Quando ia, fracassava. Queimava, salgava, deixava ruim. Sempre fui do trabalho e da rua. Me tornei provedora.

O eterno retorno à juventude tem explicação. Hoje me dei conta da minha estranha nova rotina. Acordar, preparar o café do meu pai. Limpar seu lixo. Separar os remédios dele. Preparar o banheiro para o banho dele. Comer com ele. Saber como passou a noite. Fazer pequenos planos para o dia. Comentar o programa da TV que mostra a compra e venda de objetos raros e outros nem tanto. Arrumar as coisas. Lavar a louça, guardar. Lavar a roupa suja da véspera. Adotei uma rotina doméstica que nunca tive e nunca quis. Faço mais fácil e mais rápido do que pensaria ser capaz. Não me aborreço. Economizo com cuidadores e sinto paz em ficar com ele, fazendo aquilo que deveria fazer. Eu amo meu pai.

Não estou concorrendo a vaga na escola de Irmã Dulce dos Pobres. Muito ao contrário. Me irrito com um bocado de coisa. Os barulhos são insuportáveis. São muitos, principalmente o cacoete de pigarrear o tempo todo, como meu avô fazia, tentando limpar a garganta de um charuto que não fuma há meses. Para alegrá-lo, cheguei até a oferecer um puro, cubano.

Outro incômodo é a falta de cuidado em disparar flatulências pela casa. Sei que é doente. Sei que é velho. Sei que é meu pai, mas é horrível, nojento, detestável. Enquanto escrevo, penso que é hora de comprar um fone de ouvido daqueles supersônicos para não ouvir nada ao redor. Me penitencio mais ou menos. Nunca fui muito paciente. Mas ele é meu pai. Eu o amo. Lembro da canção *O velho Francisco*, do Chico Buarque. Um resumo do fim. Das perdas de cada dia. A vida leva.

Hoje é dia de visita
Vem aí meu grande amor
Hoje não deram almoço, né
Acho que o moço até
Nem me lavou.

Franqueza não é pecado, mas acho que devo rezar:

Pai Nosso que estais no céu,
santificado seja o vosso nome,
vem a nós o vosso reino,
seja feita a vossa vontade,
assim na terra como no céu.

O pão nosso de cada dia nos dai hoje,
perdoai-nos as nossas ofensas,
assim como nós perdoamos a quem nos tem ofendido
não nos deixeis cair em tentação,
mas livrai-nos do mal.
Amém.

SONO DE CUIDADOR

Nunca tive problema para dormir. Sempre tive sono de pedra. Perdi esse talento quando comecei a cuidar dos meus terminais. Ir ao banheiro infinitas vezes durante a noite tornou-se uma mania deles. Meu pai primeiro. Frequentemente não fazia nada. Apenas levantava aos trancos, abaixava as calças, a fralda e silêncio. De noite, o ritual era desesperador. Houve um dia que anotei no caderninho:

BANHEIRO PAULO
19h10, 20h20, 21h32, 22h37, 23h30, 0h30, 2h, 3h40, 5h10 e 7h15.

Enlouquecedor. Canseira absurda. Minha e dele. O hábito se repetiu no hospital, para azar dos enfermeiros. O processo se repetiria com minha mãe. À época, infelizmente, eu não entendi que o vaivém ao banheiro fazia parte do "pacote a coisa".

CASCA PRAGMÁTICA

CONVERSA POR WHATSAPP:
SÃO PAULO – SALVADOR

Isabela – Escrevo para saber se o Pet Scan foi realizado e como estão seus pais.

Eu – Meu pai já está em casa. Fez o Pet Scan, sim. Só deu pulmão, costela e fêmur. O resto está lindo. Estamos indo. Aprendendo a viver de outro jeito.

Isabela – Nem sei o que dizer. Não é pouca coisa. Sim. Aprender a viver de outra forma. Muita força, coragem e fé.

Eu – Obrigada, meu amor. Reza muito para a mancha de óleo não entrar em nosso paraíso. O governo não está fazendo nada para conter essa maré de petróleo. Ninguém sabe de onde vem. Até isso, né? Bem que disseram que este ano seria inesquecível.

Isabela – Como vai você? Fico preocupada. Nem consigo imaginar de onde tira força para cuidar de tanta gente, sempre descuidando de você.

Eu – Risos. Estou bem. Arrumando minha casa. Fazendo coisas que nunca fiz. Escrevendo.

Isabela – Papi está na casa dele?

Eu – Ele está na minha casa. Minha mãe está na casa deles. Foi o jeito que encontrei de permitir que ela descanse, trabalhe menos, durma um pouco melhor e se acostume com a falta dele. Ela parece melhor de saúde do que ele. Meu pai está fraco, cansado, inapetente, com muita dor e dorme quase o tempo todo.

Isabela – Você está escrevendo? O quê?

Eu – Um livro sobre morrer. Posso te mandar o prólogo?

Isabela – Imaginei. Gênia. É necessário. Me assusta e me encanta a forma pragmática com que você lida com a morte. Ao mesmo tempo, me pergunto se é apenas casca, mesmo escrita. Viver e morrer são ciclos e verdades únicas da existência. No entanto, vivemos com medo de morrer e, talvez por isso, morremos sem ter vivido o que deveríamos, porque esperávamos o fim.
Eu – O livro vai dizer. Quando você diz pragmática, quer dizer sem emoção?
Isabela – Não. Mas preciso saber onde fica sua dor.
Eu – No caso dos meus pais, acho que no fato de eles sempre terem tido medo de viver. E, por isso, têm tanto medo de morrer. Meu pai tem pavor.
Isabela – Continue. Escrever o processo é uma linda forma de vivê-lo e compartilhar medo e coragem com quem precisa rever seus fundamentos. Enfim, um dia, consegui ao menos dar a mão à morte e andar melhor. Ainda com certas fobias, mas sem me apavorar com o sacolejo do avião, que antes me dava paúra.
Eu – Você fará parte da minha história. Dei jantar para o vovô. Vou dar um pulo na casa da Claudia e do João Gabriel.
Isabela – Vá. Isso faz parte do livro também. Viver enquanto os nossos morrem ou nós morremos. À disposição. Sua alma sempre cheia de relevos me remete aos nossos primeiros escritos. Perdi tudo no computador. Beijo grande. Estou cá, sempre.

Quando este livro ficou pronto, minha amiga leu. Gostou e seguiu perguntando onde mora a minha dor.

MARINA QUE AMAVA PAULO, QUE AMAVA MARINA

Catarina e Orfeu pareciam um casal perfeito. O encontro havia sido da categoria "amor à primeira vista". Ela entrou na sala e ele vidrou, gamou. Se aproximaram sem demora. Se gostaram. Se entenderam. Se enamoraram. Viviam felizes. Em um sábado de sol, algo estranho ocorreu. Catarina acordou e olhou para Orfeu. Foi um olhar de não reconhecimento. Foi um olhar de estranheza. Catarina se arrepiou e não era tesão. Era raiva. Era repulsa. Catarina não queria mais Orfeu. Não aceitava tê-lo por perto. Catarina se eriçou toda, armou as garras e fez um "fuuuuuu diabólico". Orfeu se assustou e, submisso, escondeu-se debaixo da cama. A convivência dos gatos Orfeu e Catarina ficou infernal. Guerra dos 100 anos perde.

Hoje, vendo meu pai sendo estúpido com minha mãe, sua companheira há quase 60 anos, lembrei dos gatos. O que será que aconteceu com o cérebro/coração/alma do Paulo que gostava tanto da Marina?

Impaciente. Grosso. Respondão. Será que ele tem raiva porque acha que ela viverá mais que ele? Será que quer brigar para ela sofrer menos quando ele partir? Será que está senil? Não acho uma única resposta para minhas dúvidas. Comigo, ele segue tão bonzinho... Me olha longamente com seus olhos azuis úmidos.

Marina está magoada. Tão magoada que deu para contar confidências. Revelou que meu pai teve uma amante holandesa. Caso sério. Dessa vez, quase se separam. Eu nunca soube. Não queria saber. Minha mãe insiste em contar detalhes. Falar de um encontro no Shopping Center Iguatemi. Meu pai com a holandesa, ela sozinha. Acho que depois desse flagra, ela aceitou sair com Renato, seu namorado de infância. Essa história eu soube. Ela quase cedeu. Quase. Não teve coragem. Seguiu fiel ao marido.

Uma amiga fica sabendo da história e me escreve nervosa e curiosa. Conto o que está acontecendo e aproveito para perguntar se o mesmo havia acontecido com os pais dela. Antes de responder, ela me pergunta:

– Você vai expor a relação de seus pais?

– Esse livro só será impresso, se for, quando eles se forem – eu respondo. – Posso trocar os nomes. Transformar a história em romance. O fato é que já soube de outros casos parecidos. A proximidade da morte causa esse afastamento entre casais longevos.

Ela cede e conta a história da família dela.

Ela – Na minha adolescência, meu pai ficava grosseiro apenas quando bebia. Estúpido mesmo. Agredia os amigos e parentes da minha mãe. Acho que sentia ciúmes, inveja, sentia-se inferior a ela. Minha mãe não deixava barato. Respondia e eles batiam boca. Eram brigas longas. Eu tomava sempre o partido da minha mãe. Sou filha única, então não tinha como não a defender. Nunca houve agressão física, mas muito assédio moral. Quando eu virei adulta, meu pai parou de beber. Nunca mais colocou uma gota de álcool na boca, mas o estrago estava feito. Apesar de ter se tornado um homem manso, ela sempre gritava com ele. Havia se tornado um hábito. Acho que se tornou uma forma estranha de amar.

Eu – Nosso estranho amor. Meu pai sempre foi bovino. Tinha uma paciência infinita com minha mãe. Parece que deixou a paciência na UTI. Ela está magoada.

– O meu, quando bem debilitado, na cama, começou a dizer "eu te amo" para mim, para ela, para os médicos e enfermeiras. A demência e a doença o transformaram em um ser amável. Ela seguiu arisca até o final, acho que como uma forma de sobreviver e dizer que tudo estava normal. Mas a primeira vez que ela o ouviu dizer "eu te amo" de um jeito verdadeiro e doce, reagiu de uma forma muito engraçada. Olhou pra ele com um sorriso maroto e disse, na lata: "Agora você diz que me ama? Passei minha vida toda esperando uma declaração de amor e você me diz agora, careca, velho, doente e desdentado?". As enfermeiras não aguentaram e começaram a rir. Até ele riu, mas acho que não entendeu o motivo.

Eu – Vou contar essa história para minha mãe. Ela precisa saber e rir também.

SEM AÇÚCAR, COM AFETO

– Mãe, não fique triste. Papai está sentindo dor... Por isso tem sido estúpido com você. Ele sabe que a coisa está difícil. A temporada no hospital foi muito longa. A vida está besta. Não se chateie.

– Eu sei, filha. Estou pensando muito. Tenho muita pena do seu pai. Quero o melhor para ele. Até ofereci minha saúde para Deus dar a ele. Sou muito grata por tudo, mas, no momento, ainda não estou resolvida. Você, filha querida, me proporcionou uma vida que eu vinha querendo, mas pode deixar que eu vou fazer tudo da melhor maneira. Assim sempre foi o meu pensamento.

A resposta é confusa e cheia de culpa. Ela queria se livrar do peso de cuidar dele, mas não tinha coragem. Estava cansada de lavar, limpar, arrumar, cozinhar, preparar e não ouvir qualquer obrigado... eu te amo... não sei viver sem você. Mesmo assim, ofereceu a saúde que não tinha, porque sobrava amor.

Não estava feliz por estar livre dele. Sempre se amaram, sempre foram companheiros e muito cúmplices. Ela sofria ao vê-lo enfraquecer. Deus fez o ser humano muito complexo. De qualquer modo, a resposta traduz minha mãe. Uma mulher que dedicou a vida ao Paulo, seu marido, seu grande amor, apesar dos percalços. Marina dedicou-se a ser gentil, mesmo que falsa. A agradar aos outros, mesmo que contrariada. A ser simpática, mesmo que sem vontade.

No texto acima, enviado por WhatsApp, ela traduziu todo o seu desencanto e talvez arrependimento. Enfim, Marina, a nossa vovó Vogue, sem fantasia, sem açúcar e com afeto.

GATO FILÓSOFO

Sexta-feira. Sextou com tarde de sol na Pauliceia. Pai, meio cansado, ficou em casa no ritmo dorme e acorda. Filho com ensaio para show. Aproveitei minha tarefa de uber-mãe para seguir na missão de entreter minha mãe. Ocupar os silêncios da ausência do meu pai. Fala, fala, fala. Vai na loja. Vai no mercado. Pega Chico. Volta. Devolve à escola. Sem exagero, tarde feliz. Em casa, hora de trabalhar um pouco. No WhatsApp, música e mensagem de Bela, La Belle. Texto do livro *Gato filósofo*, de Kwong Kuen Shan:

Reto e Ereto

Cessando a brisa, o bambu silencia
Voando os gansos, suas sombras somem
Acontecendo alguma coisa, lide do melhor modo possível
Encerrando-se, deixe que vá
Mantenha a calma
Não se perca preocupando-se com o que poderia ter sido
Ou deixado de ser

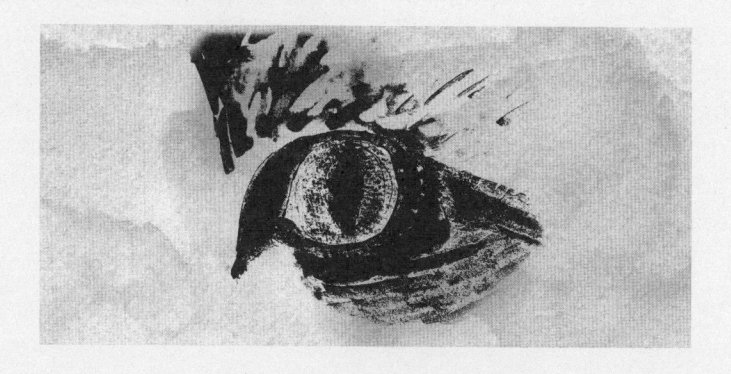

O BANQUETE

Ao contrário do resto da família, Paulo nunca foi grande fã do Nello's, restaurante em Pinheiros que frequentamos desde que abriu, no começo da década de 1970. Foi uma indicação da tia dele, Nena, que morreu nos anos 1980 e que nunca encontramos comendo nessa cantina. Apesar do pouco apreço, ele escolheu almoçar lá porque era perto e estava animado. Sentia fome, coisa rara naqueles dias.
    Pediu um prato de macarrão *al gamberi* só para ele, com molho vermelho, camarões, alcaparras, alho e óleo. Pediu uma taça de vinho. Comeu, bebeu e conversou como se fosse anteontem. Lembrou histórias, narrou suas anedotas mais que conhecidas e se comportou como antes. Talvez já soubesse que não haveria amanhã... Todos ficamos felizes. Felizes e animados com a hipótese de ele estar melhorando com a imunoterapia.
    Ah, a esperança... Definitivamente, você é sempre a última a morrer. Hoje me considero uma legítima inimiga do fim.
    Aquele almoço foi a última comemoração. O nosso último banquete. A versão familiar e feliz de *A comilança*, filme italiano do qual meu pai tanto gostava. Antes de voltar para casa, lembro que ele decidiu ir ao banheiro do restaurante. Não poderia perder o hábito, porque, além de esvaziar a bexiga, esse era o momento precioso em que visitava, às escondidas, outra paixão sua: Sophia Loren, plena, com os seios exuberantes em um belíssimo pôster que está lá ainda, pendurado na parede interna do toalete masculino.

VÓ GINA, CUIDA DELE

Esqueça as conversas. A novela no fim da tarde. O papo com as enfermeiras. A nova UTI não tem crianças nem fracos. Silêncio entrecortado pelo apito das máquinas. Raras televisões ligadas. Raros acompanhantes nas cadeiras ao lado das camas. Parentes em lágrimas do lado de fora, na pequena sala de espera.

Não dá para dormir lá. Não dá para ficar lá. É um entra e sai de gente. Revezamento quatro por quatro. É uma espécie de missão, penitência, culpa por ter saúde enquanto os que estão lá não têm. Vontade de saber, curiosidade mórbida e ansiedade.

Paulo está sedado, entubado, com sonda e soro. Paraíso ou inferno artificial? Difícil decidir pela resposta. Ele está gelado também, especialmente nas extremidades. Uma faixa amarra seu rosto deixando as orelhas com um formato estranho. Boca semiaberta, como são as bocas de quem está à espera. Ele dorme. No aparelho maior, os batimentos cardíacos. Antes da transfusão, baixos. Muito baixos. 64, 65, opa, 68. Os médicos vasculham e nada encontram. Ninguém sabe por que sangra por dentro. Onde está a hemorragia?

Do saquinho plástico pinga o sangue doado por alguém. Obrigada. Preciso doar. Juro. Prometo. Nos saquinhos, o nome dele e o dela, a mãe, a minha avó chapeleira, artista, linda, Gina, o amor de todos nós. Quando vi a etiqueta, dei meio sorriso. Amor de mãe é perpétuo. Ela morreu em 1979, mas segue viva na identificação dele, 40 anos depois.

Penso nela e peço:

– Vó Gina, não o deixe sofrer. Leve-o quando os olhos azuis ficarem opacos demais.

APRENDENDO 1

Eu – Oi, amiga. Tudo aqui é dificílimo. Meu pai diz que não consegue respirar.
A amiga, irmã e médica, responde rápido:
Roberta – Ai, meu Deus. Você percebe ele com falta de ar? Pede para a enfermeira chamar algum médico pra ver. Todo hospital tem plantonista para dar suporte para os internados. Melhor ver logo, mais tarde o acesso ao médico é mais difícil. Os médicos dormem.
Eu – Já pedi para o enfermeiro. Ele está muito inquieto, não para de se mexer.
Roberta – Mas você acha que está com falta de ar mesmo? Ou só faz parte da agitação? Ele extubou hoje cedo, está instável ainda.
Eu – Eu acho que é agitação. Cheguei a pensar que podia ser hipoglicemia. Ele não parece estar sufocando. Bom, já pedi médico, bombeiro. Mais uma noite daquelas... Ele está com 270 de glicemia. É hiper.
Roberta – Mas isso não justifica esse quadro. Ele estava sedado e agora está sem remédio. É comum ficar assim agitado. Passou por muita coisa nesses poucos dias. Duro é que você não tem o que fazer, né?
Eu – Nada. Só agoniar junto. Eles vão dar um remédio.
Roberta – Vê o que é. Deve ser Seroquel (quetiapina).
Eu – Esse.
Roberta – Vai acalmar.

Naquela noite, ele acalmou. Eu não sabia que se tratava de um medicamento que ajuda a reduzir a ansiedade e a irritabilidade de pacientes, principalmente aqueles em estado terminal.

A IMAGEM

No leito do hospital, vestido com o aventalzinho. Sonda no nariz levando a conta-gotas café com leite proteico. Sobre a boca e o nariz, uma máscara de oxigênio. Corpo quase imóvel. Respiração difícil. Apneia de 30 segundos. A agonia aumenta. Ele move os braços. Coloca-os sobre a barriga e, depois, leva-os à cabeça, formando um triângulo. Parece o triângulo da sabedoria sobre a cabeça de Deus dos desenhos da Laerte. Talvez ele saiba tudo. A expressão facial é de absoluto desespero. Não sei se é vontade de ficar ou desejo de partir logo, imediatamente, desse inferno.

Eu queria fugir. A jato. No canto do quarto, encolhida numa cadeira, eu observo. Preciso aprender. Preciso me controlar. Preciso esconder a minha dor dele, de minha mãe e de mim.

APRENDENDO 2

Roberta – Oi, querida. Como está tudo?

Eu – Fiquei com dó das enfermeiras. Ele chamava alguém a cada 20 minutos, mesmo com morfina e quetiapina. Pedia água, que só podia tomar gotas. Agora está um pouco mais calmo. Tem febre, diabetes nas alturas e apneia de 30 segundos. No mais, vive... Pobre homem. Estão cuidando com morfina, dipirona e antibiótico. A boa é que o pulmão está limpo de secreção. Logo, graças a Deus, não tosse. Ele começa a cansar. Hoje, fez um movimento que dava uma foto de prêmio. Segurou a cabeça com as duas mãos, como que dizendo "me tirem daqui. Me livrem desse martírio. Como vim parar nesse inferno?". Mas conta, que horas será seu dia de amiga/madrinha de noiva? Manda foto.

Roberta – Ai que pena disso tudo... fase difícil e de muito sofrimento para todos. Pede para o médico de plantão ser generoso na morfina. Aumentar as doses. Ninguém merece esse sofrimento. Preocupada com você, minha querida.

Eu – Querida, estou bem. Estou aprendendo.

APRENDENDO 3

O estudo da morte tem vários ramos e aplicações. Atualmente, se destaca na área policial e jurídica com os trabalhos do tanatologista policial e do médico legista, que merecem notoriedade por causa de homicídios de grande repercussão. A tanatologia explica como morreu. Mas não dá conta de como se morre. Eu não sabia como era. Achava que Paulo estava mal. Mas tinha muitas dúvidas.

Ele vai ficar bom?
Vai sair do hospital?
Se sair do hospital, vai voltar a andar e fazer as coisas sozinho? Se não sair do hospital, como faz? Como é?
Do que morre?
Quanto tempo demora para morrer?
Quanta tolice. Quanta besteira. Bastava lembrar da frase da amiga cientista: "Ter pai e mãe em estado terminal é surreal".

HORAS

O tempo que não passa para o terminal em agonia. Enquanto todo mundo compra ingressos, bilhetes de avião para as férias, reserva jantares e passeios, ficamos no vácuo, com medo de sermos atraiçoados pelo destino. Mudança de percepção, não reconheço o espaço, a rua, a vida.
    Experiências novas. Cuidar. Vontade de brigar, de bater.

CONVERSA SÉRIA

A coisa é uma merda. A coisa é câncer. Câncer é uma merda. Boa tarde, doutora Camilla e doutor Tomaz. Escrevo hoje, sábado, apenas para não perder a memória. Respeito absolutamente o vosso descanso.
Meu pai está internado no quarto desde ontem. Teve uma noite péssima e uma manhã difícil, com muitas dores e falta de ar. Por volta das 11h, deixei-o sozinho com minha mãe e fui para casa tomar banho. Nesse período, houve uma conversa que acho importante compartilhar. Eles estão juntos há 60 anos. São corda e caçamba. Tipo siameses, apesar de muito diferentes.
Sozinho com ela, meu pai arrancou a máscara e chamou-a para conversar. Olhou fundo nos olhos dela e disse: "Chega. Não quero mais viver desse jeito. Me ajuda! Não quero mais usar essa máscara". Minha mãe, que também está doente e vê nos olhos dele o espelho da própria tragédia, reagiu dizendo: "Tem certeza? Você gosta tanto de viver!". Ele foi enfático. "Chega. Não quero mais e também não quero mais falar nesse assunto".
Minha mãe concordou com ele, porque em outras ocasiões havia falado sobre morte assistida, tendo como exemplo outras pessoas conhecidas. Ela saiu para chamar uma enfermeira para recolocar a máscara. Desde então, ele está menos agitado. Parou de lutar contra o respirador. Parou de pedir água a cada dez minutos. Achei importante compartilhar esse episódio. Sei que conto com vocês neste momento/processo tão particular para oferecer bem-estar e paz, na medida do possível. Novamente, muito obrigada por toda ajuda. Ótimo e merecido final de semana para vocês.

A ÚLTIMA NOITE DE UM HOMEM

A noite seguinte foi tranquila. Dormi no sofá-cama. Naquela tarde, os médicos acataram o pedido dele. Não houve mais exame inútil. A dose de morfina aumentou. Tiraram a máscara de oxigênio que ele odiava. Em retribuição, ele acalmou. Parou de chamar as enfermeiras a cada dez minutos e dormiu. Quase nem roncou. Pouco se mexeu. Estava tranquilo. Sereno. Se alguém chegasse à toa naquele quarto e não consultasse o histórico preso à prancheta ao pé da cama, pensaria que a alta seria em breve.

Ele dormiu bem. Eu também. Acordei cedo e fui me sentar ao lado dele. Peguei em sua mão. Fiquei olhando-o respirar e, como ele fazia comigo na infância, agradei seu rosto e seu nariz. De cima para baixo, de baixo para cima. Era assim que ele me fazia dormir. Fiquei namorando o rosto magro sem ver seus olhos azuis. Amava meu pai profundamente. Éramos almas quase gêmeas.

Tão parecidos que mudei meu rumo para não repetir as burradas dele. Ficamos diferentes. Nos tornávamos absolutamente diferentes quando o assunto era política. Meu pai era de direita. Liberal. Não conseguia ter a menor empatia pelos pobres. Não dava esmola. Não se preocupava com causas sociais. Não sei se era bolsonarista. Nunca falamos sobre esse assunto porque, depois de tantos anos brigando, decidimos manter a paz. Antes, eu sei, foi malufista e era doente de amor pelo Mário Covas. Mas nada disso importa. Acho que foi apenas uma pausa para eu respirar antes do ponto final.

Estávamos de mãos dadas. Ele, calmo, respirando fraco, de barriga para cima. A respiração foi diminuindo, diminuindo, diminuindo... Não teve tremores. Não fez barulho. Eu apertava a mão dele, que parecia ok. Mas aí, achei que ele tinha diminuído muito a respiração. Apertei o botão e chamei o enfermeiro. Sem largar a mão dele. O enfermeiro chegou.

– Sinto muito. Seu pai morreu.

Depois do decreto, ele auscultou o peito apenas porque era protocolo, tirou o pulso, fechou melhor as pálpebras, escondendo para sempre os lindos olhos azuis que ele tinha.

Meu pai morreu.

Senti alívio pela dor dele. Senti dor por mim e pela minha mãe. Em 30 segundos, começaria um novo capítulo. Este, sim, para gente grande.

SONHO

Releio o texto escrito há mais de dois anos. Ontem sonhei com meu pai e, milagrosamente (minha psicanalista diria que não foi milagre), lembro do roteiro. Ele estava doente. Pessoas que não reconheço me ligam para cobrar minha ausência. Por que não estou com ele? Por que não cuido dele? Fico desesperada. Digo que estou indo para o hospital. Ainda no sonho, enquanto me arrumo, eu me lembro: meu pai morreu. Cuidar dele como?

O DIA DO HORROR

Com a mão tremendo, apertei o botão do celular. Decidi falar com a brutalidade de quem arranca esparadrapo e coloca osso quebrado no lugar. De uma vez.
– Alô, mãe. O papai morreu.
Grito.
Soluços.
Silêncio.
Fiquei em pânico. Ela poderia cometer uma insanidade? Pular do segundo andar e se quebrar toda? Não sabia se ia ou ficava. Liguei para quem pude e corri para a casa dela para buscá-la. Era um resgate difícil e muito doloroso.
Meu pai foi o amor da vida dela. Ela foi o amor da vida dele. Ela pedia para morrer antes dele. Acho que ele esperava morrer depois dela porque sonhava em cometer algumas últimas loucuras. Andar de conversível. Fumar charutos o dia todo. Comer e beber como o glutão que era. Viver na Bahia, na frente do mar, contando suas histórias.
O destino não deixou. A coisa não deixou. O câncer dele, que se escondeu na dor nas costas, tratada como mau jeito de gente velha, foi descoberto apenas três meses antes da morte. Ninguém imaginou que a metástase chegaria, em dias, à medula e aos ossos. Que ele ficaria anêmico. Que teria hemorragias. Que a dor seria insuportável. Que tudo ia falhar, inclusive o apetite que ele sempre teve e que o fazia tão feliz.
Lembrando dos últimos dias, quando eu implorava para ele tomar milk-shake de coco e assistir ao *The Big Bang Theory* apenas para vê-lo rir do Sheldon, corri para resgatar Marina, a mulher dele, a minha mãe.

Não lembro o caminho que fiz, nem como fiz. Não lembro se estava de táxi ou de carro. Só lembro que quando cheguei, ela estava recomposta. Maquiada. De batom. Era a vovó Vogue do meu filho. O brilho nos olhos dela, no entanto, não era mais o mesmo. Estava opaco, doído, triste. O mundo perfeito no qual ela tentou viver a vida toda estava em pedaços. Cristais invisíveis se espalharam pela sala de estar, sempre impecável, da casa dela. Nada mais fazia sentido: tudo fora do lugar para sempre. Paulo estava morto e ela, morrendo.

Nos abraçamos chorando. Aquele choro manso do qual ela sempre falava quando brigava com ele. "Quando seu pai morrer, vou chorar manso. Ele é muito difícil".

Ele era mais ou menos difícil, como todos somos. Ele era paciente, como poucos são. Foi muito companheiro dela. Carinhoso. Andavam de mãos dadas pelos corredores do Shopping Iguatemi. Compartilhavam o silêncio nas manhãs de sol, enquanto esperavam a sagrada hora do almoço no restaurante do Clube Pinheiros.

Depois do grito, ela também ficou silenciosa. Não falava tanto quanto antes. Como se a morte dele houvesse aplacado também a ansiedade que a fazia falar, falar, falar sem parar.

GRATIDÃO 1

Bom dia, Camilla. Bom dia, Tomaz. Escrevo de novo para agradecer. Hoje, às 6 horas, meu pai descansou. Estava dormindo, sem dor, como tinha que ser. Gratidão por vossa ajuda e apoio. Gosto de lembrar dele assim, dirigindo feliz o seu Karmann Ghia conversível.

Um grande e agradecido abraço,

Claudia Giudice e família

A DESPEDIDA

Eu e minha mãe voltamos correndo para o hospital. Chico e Silvio também estavam a caminho. Pedro, meu irmão, por sorte, estava em São Paulo. Ia lançar um livro no dia seguinte e aproveitou para ver os pais. Felizmente, pôde se despedir de Paulo em vida. De Salvador, chegou Nil Pereira, minha sócia e parceira. Apesar de detestar doenças, hospitais, velórios e enterros, ela gostava muito do meu pai, com quem tinha longas conversas sobre viagens e comidas. Por WhatsApp, fui avisando aos amigos mais íntimos. Nossa família nuclear, pai, mãe, dois irmãos, dois netos, ficava menor. Éramos, agora, cinco.

Minha mãe se despediu dele sozinha. Eu me despedi dele sozinha.

No hospital, recebemos o abraço de Roberta, Campora e Shirley, amigos queridos. De lá, seguimos para a cremação. Éramos cinco dentro do carro. Eu, minha mãe, Pedro, Chico e Nil. Lá, encontramos Fernando e Giselle, que vieram de longe para nos abraçar apertado. Claudia e Maurício erraram o horário, mas enviaram carinho.

Nos despedimos dele com uma oração e lágrimas. Não quisemos flores, música, padre, nada. O silêncio combinava com ele e com o nosso momento.

Quando a cerimônia acabou, fomos para a casa da minha mãe. Ela não queria ninguém lá para lhe fazer companhia. Garantiu que dormiria bem sozinha. Exigiu apenas que fizéssemos uma faxina nas coisas dele.

Pedro escolheu uma caneta.

Chico escolheu um casaco, papéis e fotos.

Minha mãe ficou com a aliança e alguns objetos pessoais.

As roupas foram doadas para uma instituição, para os porteiros e vizinhos.

O resto ficou comigo. Canetas (mais de quatro mil), papéis e cadernos. Até hoje encontro meu pai nas mínimas coisas. Por exemplo, em um desenho pequeno de sereia que mantenho preso na parede à minha frente.

O OLHAR DE PEDRO, O FILHO

Ele colecionava canetas-tinteiro. Havia anos. Comprava, cuidava, consertava, guardava, conservava. Tinha centenas, de todos os tipos: luxuosas, vagabundas, raras, curiosas, novas, velhas, bonitas, feias.

Garimpava em feiras de antiguidades, papelarias, brechós, camelôs, lojas de importados.

Poucas não eram tinteiro, como a esferográfica que escolhi para mim como lembrança. Ela, mesmo não sendo tinteiro, sei que era uma de suas preferidas, de uma série especial, em homenagem ao escritor Ernest Hemingway (que, aliás, é, ou pelo menos foi, um dos meus preferidos).

Ele era destro. Meu pai, o Hemingway eu não sei. Tinha um traço limpo, leve, meu pai, diferente do meu, sujo, pesado. Canhoto que sou, não me dou bem com tinteiro, sujo a mão, borro o papel de tinta.

Por isso fico com essa, do escritor. Por isso escreverei com ela, desenharei com ela, carregarei ela comigo. E, com ela, carregarei a lembrança dele, do meu pai, no bolso, perto do coração. Como ele fazia com suas canetas.

METAFÍSICA DE TABACARIA

Depois do óbito, mais achados. No caderno, com letra bem desenhada de arquiteto, frases com e sem nexo. Frases que revelam um sofrimento disfarçado. Que revelam a experiência de chegar perto da morte. Metafísica de Tabacaria. Não sei se um dia ele leu ou gostou de Fernando Pessoa. Gostava de charutos e, no fim dos tempos, de chocolate.

Quanto tempo é preciso para recuperar um solo árido? Quais as alternativas? É possível aplicar em larga escala?
Como? Será que as coisas acontecem ao acaso ou tudo acontece com a ordem estabelecida pelo desígnio divino? Pensar.
Parker
Sheaffer
Waterman
A mais elegante das Parker modernas é, sem dúvida, a Parker 61 black gold
Quase tudo que se pensa já se foi pensado antes #@#>>>???
Saúde sempre.

E a lista de roupas para mudar para minha casa:

Crocs
Sapato de lona
Short
Camiseta Cueca Pijama Meia Calça
Nada como acordar de repente e descobrir que o dia está lindo e a dor nas costas não sumiu, mas está em um nível aceitável.

CADERNOS DE CAPA PRETA

Quando meu pai era criança, minha avó contava, resolveu falar somente aos 4 anos. Até então, apenas apontava para o que queria e todos os desejos dele eram atendidos pelo imperativo dos seus gestos. Pequeno Buda. Príncipe Delfim. Dono do mundo. A vida, claro, lhe ensinou um monte de coisa. Mas ele nunca cedeu. Só fazia o que queria. Falava pouco quando não gostava do interlocutor. Para não ser incomodado, andava sempre com um livro e uma caderneta de capa preta tipo Moleskine. Se queria sossego, abria um ou outro e se distraía. Na caderneta, desenhava e escrevia coisas aleatórias: listas de compra, afazeres, notícias e pensamentos. Frequentemente, rabiscava sobre o que havia escrito, impedindo a leitura das palavras – quiçá comprometedoras ou impublicáveis. O texto abaixo é uma descoberta arqueológica do Chico. Estava em um dos cadernos que ele escolheu para si como lembrança do avô. É revelador porque narra a vida dele de forma original, irônica e pragmática. A escrita fragmentada e, às vezes, misteriosa, traz a voz e o espírito dele.

Queria começar esta história não como algo muito sério, mas com um relato de experiência vivida. Se verdadeira ou não, tanto faz, mesmo porque a verdade é a verdade de cada um, nem sempre diz o que mesmo aconteceu.
Foi em um dia de setembro, o último do mês, para dizer a verdade, que este menino nasceu. Foi em um ano conturbado, pois a Europa convulsionava com o início da Segunda Guerra Mundial. O nascimento ou a guerra, por um ou por outro, o ano de 1939 ficou marcado para sempre na minha memória. É mentira! Desse tempo eu nem me lembro de nada. Só de ouvir falar!

Quais são as minhas mais antigas recordações? Um grande esforço. Lembro-me da casa da minha avó, com a parreira de chuchu no quintal e o pequeno galinheiro junto ao tanque. Será mesmo que existia? A velha puxando as cabras na rua para vender leite, a Julia, minha babá, as árvores podadas, tempo de brincar de cabana, jogar pião, fogareiro de lata. "Isto é brinquedo de moleque, vai fazer xixi na cama". Avião pegando fogo foi cair lá nas malocas onde morava a Maria. Maria, empregada da vovó, tia da Nice, que veio trabalhar em casa. Qual a idade da Nice? Ela não sabe, é neta de escravo, não tem documento, veio lá de Araras. Colégio Elvira Brandão, o menino me chamou de alemão, o que é alemão? É feio, eu não sou alemão! Jogo o tinteiro nele. Não vou mais na escola. Colégio Stafford, vou de ônibus para o colégio. No colégio tem repolho, não gosto de verdura. Trazia embrulhada no bolso para saber o que era. "Fazer lição da página 12, da 13 não". Briga em casa, briga na escola. Eita menino teimoso, a lição da página 12 termina na 13. Por que a professora não mandou fazer as lições das páginas 12 e da 13?

Composição "Minha Casa" numa festa, "este menino vai ser arquiteto". Premonição ou praga, este menino virou arquiteto. Jogos no Pacaembu, casa do doutor Galo com os viveiros de pássaros, ficar doente e ganhar caixa de balas, dor de garganta, doutor Cansanção? Pontapé no médico na operação das amígdalas. Férias em Poços de Caldas. Moleque no tanque do hotel, filhotes de sapo ou de rã? Férias em Santos, invasão de baratas. Férias em Valinhos, coleção de besouros. Mudança com febre, campo de futebol, vacas na rua, estrada da Boiada. Jiboia na garagem. Mazzaropi filmando na praça, ver o filme depois para ver se estava lá. Aniversário, vestido para a festa com luva branca, isso é mais pra trás, mas só me veio agora à lembrança. No dia seguinte, "Hoje é aniversário do guarda, ele está de luvas brancas", devia ter 3 ou 4 anos quando dessa história.

Fim do Stafford. Inicia a era do Colégio Fernão Dias, com uniforme de carteiro, farda bege, gravata preta, bicicleta nova Monark com freio no pedal. Alegria durou pouco, roubaram a bicicleta. Roubaram mesmo ou a mamãe deu? Nunca vou saber, era a mesma coisa com as espingardas de chumbo (de ar comprimido): ganhava no Natal ou aniversário, durava uma semana e depois sumia. É perigoso você furar o olho dos outros!
RECORDAR É VIVER, EU ONTEM SONHEI COM VOCÊ! Tentando lembrar do passado, lembrei dessa música, não tem nada a ver!
Muita coisa pulada. Pensar: Clube Tietê, Ponte Pequena, tia Nena, tio Walter, Represa – bondinho, tia Elda, tio Minguccio, Horto – trenzinho, Mooca – Marengo, trenzinho, mercado, Viagem Rio – Guará, Boiada, carnaval – Corso, fantasias de pirata, dândi, festa de aniversário no Jóquei, Tarzan, Mappin, Confeitaria Vienense, Geleia de Mocotó da Campo Belo, toalha xadrez, tampa da gelatina no copo era de papel, Casa São Nicolau, Guarujá, balsa, Binders, Santos, S. Vicente, Gaudio, Sorveteria.

Tudo faz sentido para mim. Meu pai era uma esfinge.

QUASE MORTE

Existe um ramo da ciência que estuda as declarações de pacientes que recuperaram suas funções vitais depois de uma intervenção médica. São comuns os relatos de pessoas que dizem ter visto uma luz, um túnel iluminado, às vezes vendo-se a si mesmos fora do próprio corpo. Esses relatos dividem as opiniões de especialistas. Até o momento, a visão apoiada cientificamente sobre esse fenômeno é a de que são alterações químicas e funcionais no cérebro – agravadas se há falta de oxigênio nos tecidos, comum em cirurgias graves – que fazem o paciente ter alucinações durante a ocorrência das anormalidades. Hoje, o mapeamento cerebral ajuda na discussão e na compreensão da experiência de quase morte. Experimentos em aceleradores centrípetos, utilizados para compreender reações psicofisiológicas em humanos, mostraram que as alucinações provocadas pela aceleração são parecidas às narradas por pacientes que passaram por experiências de quase morte.

Minha mãe não teve a sensação de tranquilidade, paz e aceitação da morte. Nem viu luzes radiantes, puras e intensas. Também não sentiu que estava deixando o próprio corpo para entrar em uma outra dimensão. Minha mãe enviuvou e se descobriu quase morta. De saudade. De solidão. De câncer.

Paulo foi o foco principal da vida dela. Depois da partida dele, diferentemente do que sempre disse que faria, Marina não se tornou uma viúva independente e alegre, pronta para viajar. Estava debilitada e doente. Estava, pela primeira vez, sozinha consigo mesma. Essa experiência foi intensa. Tanto que ela mudou. Acalmou.

Diminuiu a ansiedade. Silenciou-se. E sofreu profundamente quando entendeu que a morte estava à espreita, sem a menor disposição para ouvir as preces dela.

MARCO ZERO

Em 10 de novembro de 2019, nasci de novo. No dia da despedida de meu pai, renasci como a filha que a minha mãe nunca pediu nem moldou, mas que ela mereceu ter. Decidi me dedicar a ela até o fim. Vivemos seis meses juntas, como quando eu era criança e ela, uma jovem mulher. Viajamos, moramos na mesma casa, compartilhamos as refeições. Fomos ao clube, ao cinema, passeamos no shopping. Andamos por São Paulo para resolver burocracias do inventário de meu pai. Fomos motorista do meu filho Chico com muita alegria.

Em dezembro daquele ano, ela foi comigo para a Bahia. Pela primeira vez em quatro décadas, passamos juntas o Natal, o Réveillon e o carnaval. Na maior parte do tempo, cuidei dela como ela cuidou de mim. Foi divertido. Foi alegre. Foi emocionante. Foi difícil. Foi triste. Foi uma das melhores coisas que fiz por mim.

AS CINZAS DO PAI

– Oi, irmão, tudo bem? Mamãe fará um exame para tentar descobrir por que não para de tossir. Ela está muito enjoada. Ela está morrendo de medo. Depois te ligo.
– Oi, Pedro, voltamos do exame. A tosse é fruto de um refluxo. Fez exame. Fez inalação agora e tomou uma injeção de Predsim, que é corticoide. Tem que melhorar!!!
– Torcendo aqui, irmã. Refluxo é sinal de problemas no trato digestivo?
– Não. Ela toma muito chá quente, só come coisa errada e, claro, sentiu muito nervoso.
– Oi, irmão. Eu de novo. Tudo bem? Levei a mamãe para buscar as cinzas do papai. Achamos melhor jogá-las lá no cemitério. Ela ficou triste, chorou muito e senti que ficou aliviada. Amanhã vou com ela ao banco para informar/saber a conta do depósito da aposentadoria. Ela receberá o primeiro pagamento em dezembro.
– Sim, acabei de falar com ela. Que bom a história da aposentadoria... Torcendo aqui.

O QUE FIZEMOS NO VERÃO PASSADO

Dezembro costuma ser um mês frenético. Compras, almoços, festas, assuntos urgentes para resolver. A pressa de fazer em menos de 30 dias tudo o que não foi feito nos últimos 335. Nosso dezembro pré-pandêmico foi assim, clássico. O processo do óbito de Paulo no INSS foi finalizado e Marina passou a receber duas aposentadorias. Era, enfim, uma viúva abastada, considerando os aluguéis que recebia. Podia se dar ao luxo de comprar roupas, dar presentes para os netos, pagar almoços... Como em geral acontece na vida, nada mais era fundamental nem necessário. O luto tornava tudo inútil, bobo e dispensável.

Para ocupar o tempo e distrair a dor com movimento, organizamos uma rotina. Na primeira parte da manhã, eu e ela ficávamos em nossas respectivas casas, trabalhando. Depois, nos juntávamos para almoçar, resolver pepinos, fazer compras, passear e, principalmente, ir ao cinema.

Estava em cartaz o filme *Adoráveis mulheres*, com elenco estrelado e candidato ao Oscar. O roteiro foi baseado no livro *Mulherzinhas*, de Louisa May Alcott, um dos preferidos de minha mãe. Por décadas, brigamos por causa desse livro. Eu me recusava a lê-lo por achá-lo uma grande bobagem (a boba era eu), mas topei ver a fita (era assim que ela chamava os filmes). Me alegro por ter sido maleável. O romance, de 1868, é autobiográfico. Conta a história das irmãs Meg, Jo (alter ego da autora), Beth e Amy, filhas de uma família de classe média norte-americana, que precisam ir à luta em busca de sustento quando o pai parte para a Guerra Civil Americana.

A autora, Louisa May Alcott, criada na Nova Inglaterra, cresceu em um ambiente de intelectuais. Estudou com eruditos como Ralph Waldo Emerson e Henry David Thoreau, porque seu pai era filósofo e professor. A pobreza em que vivia a família obrigou-a a trabalhar bastante jovem como professora, costureira, governanta, empregada doméstica e escritora. Suas irmãs também se empregaram como costureiras e contribuíam para o orçamento familiar, enquanto a sua mãe trabalhava como assistente social, sendo a sua principal função o auxílio aos imigrantes irlandeses. A vida familiar foi espelhada no livro que, apesar de literatura juvenil, tem pitadas de feminismo e abolicionismo.

Tivemos uma das tardes mais lindas de nossa vida. Eu a fiz profundamente feliz e entendi por que ela gostava tanto da história. Choramos juntas de emoção. Compartilhamos sentimentos e opiniões. A Louisa May Alcott, devo uma tarde de profunda intimidade com minha mãe. Uma tarde de carinho, fraternidade e descoberta. Eu achava que ela se via em uma das personagens, a belíssima e casadoira Meg, a irmã mais velha da família March. Errei. A heroína dela era a protagonista, a destemida Jo, apaixonada por livros, que no fim realiza seu sonho de ser escritora.

Naquele dezembro, o luto pela partida de Paulo ainda era mais intenso do que os sintomas do câncer. Marina tinha mobilidade e vontade de sair de casa. O futuro era algo possível e distante. Os planos de viajar para Portugal eram cabíveis, assim como era necessário pensar em um plano B para quando eu precisasse viajar e deixá-la em São Paulo.

Prática, Marina pediu para visitar os lares de idosos que ofereciam hospedagem por curtos períodos de tempo. Fomos em vários. Definitivamente, não é uma visita divertida, mas é muito educativa. Indico para pessoas saudáveis que, por várias razões, não estão aproveitando a vida.

Nesses "lares" misturam-se idosos em diferentes condições de saúde. Tem gente ativa, com independência para seguir levando uma vida normal, e doentes bastante debilitados e com acelerado processo de demência.

Em comum, todos têm a falta de um parente para estar junto. Não era o caso da minha mãe, que, apesar da nanofamília, sempre teve assistência. Fizemos um teste alternativo nas duas vezes em que precisei viajar e ela não foi junto. Com Chico e Silvio em São Paulo, para agir em casos graves, quem ficou, em teoria, "cuidando dela" foi a mulher do zelador, dona Geralda. Quem disse que deu certo?! A pobre mulher acabou dispensada por se esforçar demais para agradar. Em vez de aguardar um chamado, decidiu enviar várias mensagens de WhatsApp por dia para saber se minha mãe estava bem. Se deu muito mal.

– Filha, eu já pedi. Você já pediu. Mas ela não para de me escrever. Liga pelo interfone. Quer saber se estou bem. Estou ótima! Não quero ser incomodada. Não quero tomar susto quando o interfone toca. Será que ela não entende? Não quero mais ela no meu pé.

Enquanto escrevo, dou risada. Marina sempre foi ingovernável. Venceu todas as batalhas até a morte. Nunca obedeceu a ninguém. Nunca quis a ajuda de ninguém.

No final de dezembro, a Bahia e a Pousada A Capela nos acolheram de mala, cuia e luto. Muito sol, muito calor, muita gente, muito trabalho. Marina prometeu ir à praia, mas não foi. Também não quis andar de barco, mantendo distância do mar que a vida toda carregou em seu nome. Topou passear em Salvador. Visitou o Santuário de Santa Dulce para pedir ajuda de novo. Comeu em seus restaurantes preferidos. Retornou à casa de Jorge Amado e Zélia Gattai, no Rio Vermelho.

Enquanto estava em Arembepe, preferiu ficar na varanda da pousada, tomando uma brisa fresca e vendo o mar de longe... Assistia ao vai e vem dos hóspedes, que adoravam estar com ela. Tornou-se um portal de conversas e gentilezas. Como sempre fez, falou com todo mundo. Ouviu e contou sua história. Ignorou a doença e enfatizou a perda do marido. Compartilhou sua dor. Distraiu-se. Brincou com Pipoca, que a fazia lembrar de seu cachorro Benjamin. Deixou-se fotografar com um de seus mais belos sorrisos. Ouviu o neto Chico tocar *Se eu quiser falar com Deus* ao violão e chorou de orgulho. Fez de conta que nem estava sangrando. Apenas no fim de janeiro, sem que soubéssemos, consultou Roberta. Segurou a onda enquanto pôde com remédio. Antes do fim de janeiro, pediu para voltar para São Paulo com o neto.

– Filha, estou sangrando, mas o remédio que controla a hemorragia está me ajudando. Quero voltar para São Paulo e retomar a minha vida, cuidar da minha casa, ir ao clube, rever meus conhecidos.

Como negar um pedido desses?

OUTROS VERÕES

Sempre que releio as memórias daquele último janeiro, lembro dos verões da nossa adolescência, quando minha mãe, aos 30 e poucos anos, decidiu se expor ao sol. Emagreceu. Comprou chapéu de palha, maiô inteiro e passou de novembro a fevereiro comigo na piscina do clube. Ela era uma sílfide. Era linda. Era elegante e sedutora. Jovem. O bronzeado, conquistado graças ao sol diário nas primeiras horas da manhã, deixou-a irresistível.
   Morávamos ao lado do clube. Com o fim das aulas escolares, acordávamos e íamos para a piscina. Eu, ela e meu irmão. O almoço era na lanchonete. Vida de férias. Ela estava relaxada e contente. Era cortejada por todos os homens, adolescentes, moços, adultos e velhos. Era a musa da piscina. Eu tinha 15 anos e meus encantos. Os mais ousados, às vezes, piscavam para mim e para ela. Nos divertíamos com a paquera. Não sei se meu pai havia aprontado alguma e, por isso, ela estava tão ousada. Mas foi nesse verão de 1980 que ela foi paquerada e seguida de carro por um Fábio Júnior jovem e garboso. Ela garantiu que foi só fiu fiu. Vai saber...

O COMEÇO DO FIM

O verão acabou para nós no começo de fevereiro, quando precisei mandá-la imediatamente para o hospital e comprar uma passagem aérea de emergência, que custou o mesmo preço de uma perna São Paulo – Paris. De novo no hospital, de novo uma cirurgia, agora para fazer a bexiga voltar a funcionar com um Duplo J. O cateter Duplo J é um tubo fino, de material delicado, para uso temporário, instalado no ureter. É uma estrutura tubular que leva a urina dos rins até a bexiga, usado após procedimentos para tratamento de cálculos renais e ureterais. No caso dela, foi o truque para ajudar na desobstrução da área tomada por tumores.

O processo foi tranquilo. Pela primeira vez, ela ficou feliz em estar no hospital. Não precisava cuidar da casa. Pôde descansar. Tivemos alta pouco antes do carnaval. O neto já estava na folia de Salvador. O filho estava na folia do Rio de Janeiro, recebendo visitas. Eu e ela ficamos em São Paulo. Vimos juntas um pouco dos desfiles. Aproveitamos para passear na cidade vazia. Marina estava incomodada com o fato de ter atrapalhado meu carnaval. Lamentava ser um estorvo. Eu negava.

Acho que, pela primeira vez, ela se aborreceu por não ter cultivado amizades com as quais pudesse contar em uma hora como essa. De longe, nos divertíamos vendo fotos do Chico pipocando no carnaval. Ela ria com aquele olhar de quem não consegue entender por que alguém gosta de fazer algo tão esquisito: se misturar a uma multidão suada e estranha.

Depois da cirurgia bem-sucedida para colocar o Duplo J, Marina se animou a retornar ao tratamento contra o câncer, com algumas condições. Não aceitava quimioterapia, mas podia tentar radioterapia e imunoterapia, que Paulo tinha iniciado. Faria alguns exames, desde que não muito invasivos. Os de imagem, desde que acompanhada e sem clausura. Fizemos vários, tentando sempre manter o humor e acompanhar qualquer expedição médica com um bom almoço, um bom lanche, uma memória gostosa. Marina sempre foi alto-astral. Apesar de muito ansiosa e preocupada, tinha com ela a forte crença de que tudo sempre daria certo no final.

O MUNDO PAROU

Na maioria dos estados brasileiros, a pandemia de Covid-19 começou oficialmente em 17 de março de 2020. Embarquei de tarde em um avião da Gol, Salvador – São Paulo. Estava com pressa. Minha mãe havia sangrado novamente. Estava no hospital com Chico. Um peso imenso para um garoto de 17 anos, apaixonado pela avó, que três meses antes perdera o avô, membro da Santíssima Trindade da qual eles faziam parte. Era o câncer se movendo. Era o câncer dizendo a que veio. Marina assustou-se de verdade. Decidiu, enfim, ouvir o médico e correr para tentar a radioterapia. Ela poderia diminuir os tumores e o sangramento. Só os remédios já não estavam dando conta.

Na volta a São Paulo, retornei à adolescência. Comecei a morar com minha mãe. O início foi improvisado. Dormi no chão na primeira noite. Fiz uma caminha de cobertores. No segundo dia, resgatei meu *sleeping bag* dos tempos hippies. No fim de semana, comprei um colchão de ar azul, daqueles usados em barracas de camping. Foi uma metodologia estúpida de tapar o sol com a peneira e não querer ver o óbvio: vivíamos uma realidade sem volta. Agora, éramos nós duas. Minha mãe não poderia mais viver sozinha. Minha mãe estava muito doente. Minha mãe tinha um câncer terminal.

PRAZERES DA PANDEMIA

Apesar do câncer, da pandemia e da saudade que sentíamos do meu pai, vivemos dias de pequenos e fundamentais prazeres. Acordar, ver o sol, abrir a janela, sentir o vento. Arrumar a casa. Varrer. Fazer café. Conversar. Trocar de roupa. Com o básico arrumado e ela bem, eu saía de casa sozinha para fazer compras de mercado e farmácia. Andava a pé pela cidade vazia para buscar comida e remédios e passear com o cachorro Zapata, que estava na casa do Chico. Era o melhor momento do dia. Levá-lo para andar na rua, com tempo e paciência de deixá-lo cheirar todos e quaisquer cantos. Dar bom-dia aos porteiros. Cruzar com uma amiga do bairro e, bem de longe, contar as novidades. Andar. Andar. Esses momentos foram preciosos, porque notados e valorizados. Desde que minha vida fora invadida pela doença e pela morte, passei a me proteger com eles, fazendo deles a minha companhia.

Na TV, os plantões do *Jornal Nacional* anunciavam as primeiras vítimas da Covid. 1, 2, 3, 6, 12... e mostravam hospitais europeus em colapso, com milhares de idosos mortos. No mundo, cientistas e médicos avisavam que a pandemia era muito séria e que a população precisava ficar em casa. Em Brasília, falava-se em gripezinha. São Paulo tornava-se cada vez mais parecida com uma cidade-fantasma. Morávamos na Faria Lima, quase na frente do Shopping Iguatemi. O barulho e o trânsito de todos os dias sumiram. Só ouvíamos os passarinhos e uma eventual sirene.

Nos dias ensolarados, sem sair porque o clube já estava fechado também por causa da Covid, brincávamos de perseguir o sol pela casa. E íamos de um canto a outro pelo apartamento procurando os raios que tornavam tudo mais leve e bonito. Com o celular, registrei um desses instantes. Minha mãe sentada em frente ao janelão da sala, na cadeira que herdou da minha bisavó, uma espreguiçadeira de madeira com assento de palha que, no passado, era usada para se ir à praia. Beleza de outro século, pelas quais ela tinha tanto apreço.

A pandemia foi crescendo e o medo, também. Minha mãe entrou em pânico. A hipótese de ficar doente e ter que se internar sozinha na UTI, quiçá em uma UTI de campanha, com tendas montadas em campos de futebol, era uma tortura para ela. Sentia enjoos e a dor aumentava. Decidi desligar a TV. A programação passou a ser novela e Netflix. A vida real eu acompanhava pela leitura de jornal no aplicativo de celular e pela internet. No mais, escolhemos viver em uma bolha. A nossa desgraça já era suficiente.

PÁSCOA FELIZ

Dora, rainha do frevo e do maracatu
Ninguém requebra nem dança melhor do que tu.
Ô Dora, ô Dora!

(*Dora* | Dorival Caymmi)

Domingo de Páscoa. Ressurreição. O desejo de renascer brota com a música e a memória emotiva e afetiva. Depois do almoço na casa do Chico, ele começa a tocar a canção de Caymmi, que enche a sala de vida. A avó chora. A mãe chora. Sabemos que a vida, em breve, nos faltará. A coisa está a toda.

Marina mexe a cabeça devagarinho. Com a força que tem. Magrinha. Frágil. O colar de âmbar nem sai do lugar, no colo encovado. Estava linda com o conjunto de *twin set* marrom de *cashmere*, seu preferido. Elegante. Diáfana. Segue Marina. Fixo o olhar nos lábios dela, pintados com batom rosa bem claro. Ela canta bem baixinho. Marina adorava música. Quando jovem, participava dos saraus que seu pai, doutor Giudice, organizava no apartamento de Perdizes. Ele era médico e músico. Tocava piano clássico e violão popular. Compunha nas horas vagas e, talvez, tivesse sido boêmio como seu sobrinho, Paulo Vanzolini, não fosse a rabugice da sua mulher, minha avó, também chamada Marina.

Acompanho os movimentos mínimos dos lábios dela e tento adivinhar o que está pensando. Será que lembra da roupa que vestia na última serenata da juventude? Será que pensa no namorado da época? Será que era meu pai?

Imagino a saudade. Imagino o medo.

A música acaba e ela sai do transe. Volta a ser ela, prática, firme e sem lágrimas.

– Chico, a vovó adorou, mas agora preciso descansar. Vamos, filha?

PALIATIVISMO

Paliativismo ou cuidados paliativos (CP) é o conjunto de práticas de assistência ao paciente incurável e terminal que procura oferecer dignidade e a diminuição do sofrimento até a morte. O cuidado paliativo se confunde historicamente com o termo *hospice*, que definia abrigos destinados a receber e cuidar de peregrinos viajantes. O relato mais antigo remonta ao século V, quando Fabíola, discípula de São Jerônimo, cuidava de viajantes provindos da Ásia, África e dos países do Leste, no hospício do porto de Roma.

O *hospice* moderno é um conceito recente. Surgiu no Reino Unido em 1967, após a criação do St. Christopher's Hospice por Cicely Saunders, amplamente conhecida como fundadora do movimento.

O paliativismo cresceu nos últimos anos, junto com o desenvolvimento da medicina e o aumento da expectativa de vida da população. Mas, segundo o último relatório da ONU sobre o assunto (2014), apenas 10% dos que precisam de cuidados, cerca de quatro milhões de pessoas, são atendidos. Contar com essa nova ciência é um absoluto privilégio.

Em um estudo publicado em 2015 pela revista inglesa *The Economist*, o Brasil ficou em 42º lugar na lista de qualidade dos CP. Foram avaliados 80 países, com base em 20 indicadores quantitativos e qualitativos. Segundo a Academia Nacional de Cuidados Paliativos brasileira, criada em 2005, ainda estamos distantes do ideal, apesar dos avanços. Os problemas maiores são o desconhecimento e preconceito sobre os CPs, principalmente entre os médicos. Acredite se quiser, mas ainda se confunde o atendimento paliativo com eutanásia, e há imenso preconceito quanto ao uso de opioides, como a morfina, para o alívio da dor.

Quem tem acesso a esse tipo de tratamento pode se considerar muito privilegiado. Marina teve. O hospital Beneficência Portuguesa, onde ela recebeu atendimento, tem um setor especializado e médicos excelentes. O Hospital 9 de Julho, onde internou-se pela última vez, a acolheu com muita presteza. O privilégio maior, no entanto, foi contar com o apoio e a dedicação de Ana Claudia Quintana Arantes, geriatra e principal médica paliativista do Brasil.

ABRIL COM ANA CLAUDIA

Quando o câncer decidiu se mudar para a minha casa, comecei a ler livros que pudessem me ajudar a entender o que estava acontecendo conosco. Um dos primeiros que comprei foi *A morte é um dia que vale a pena viver*, da Ana Claudia Quintana Arantes, que, além de médica, é professora, poeta, escritora e palestrante.

No mundo, cientistas e médicos avisavam que a pandemia era muito séria e que a população precisava ficar em casa. Li o volume em um gole só. O olhar, a narrativa, as histórias, tudo era incrível. Mais tarde, já com o câncer morando na sala, li o segundo livro, *Histórias lindas de morrer*, então recém-lançado. Ambos tinham sido editados por Sibelle Pedral, amiga querida, apaixonada por minha mãe e minha mãe, por ela. Em janeiro, as duas se encontraram em minha pousada e conversaram muito. Tive uma iluminação. Decidi escrever para a Sibelle e pedir ajuda. O carinho e o apoio foram imediatos. Na mesma hora, ela ligou para a doutora Ana Claudia, que mandou o seu WhatsApp. Também na mesma hora, mandei o textão:

— Doutora Ana Claudia, como vai? Sou amiga da Sibelle Pedral há 30 anos. Lendo seu primeiro livro, descobri que ela havia participado da edição. Em janeiro passado, quando estávamos juntas, ela contou sobre seu último livro, que terminei de ler ontem. Adorei ambos. Profundamente. Foram muito, muito importantes para mim na doença do meu pai (o primeiro) e, agora, na doença da minha mãe (ambos). Hoje acordei ousada e, logo cedo, escrevi para a Sibelle perguntando sobre você.

Meu sonho: contar com sua ajuda profissional para assistir minha mãe, Marina.

Fiz um breve resumo do quadro clínico da minha mãe, do luto dela pela perda do meu pai e da situação de dor e dúvida permanente na qual estávamos.

– Moro com ela desde o dia 17 de março. Vivemos um dia de cada vez. Mas tem dia e vez que fica difícil porque o sofrimento é imenso.

A resposta foi rápida:

– Oi, Claudia! Ajudo no que puder! Quer marcar uma conversa por videochamada hoje?

OUTONO DE CARNAVAL

Mãe, faz dois anos que conversamos com a doutora Ana Claudia sobre você. Hoje estou lendo as minhas trocas de mensagens com ela para andar com o livro que desejei escrever e que, lentamente, estou terminando.

Hoje o Chico está no Rio, na casa do Pedro, para comemorar o aniversário do João.

Hoje o Chico assistirá aos desfiles das escolas de samba do Rio de Janeiro. Sim, a pandemia mudou a data do carnaval.

Ele está muito feliz. Tenho certeza de que você também estará lá. Você sempre quis ver os desfiles e nunca foi. Desta vez, você irá com ele. Vai ficar no ombro dele, como vocês combinavam fazer quando ele era pequeno. Você dizia que seria uma pulga. Você adorava dizer que era uma pulga. Bom, seja pulga hoje. Veja os desfiles, divirta-se e cuide dele. Te amo. Ah, leve o papai. Ele também vai gostar. Quando cansar, pode dormir em uma cadeira do camarote. E comer. E beber. E ver mulheres seminuas. Sim, ele vai gostar. E também vai adorar estar com o Chico.

UMA NOVA LITERATURA

*Ressonância magnética da coluna lombossacra.
Indicação clínica: em seguimento oncológico.
Linfonodomegalia. Lesão óssea isolada hipointensa.*

Alterações degenerativas. A possibilidade de lesões secundárias relacionadas com a doença de base da paciente (neoplasia do endométrio), com linfonodomegalia pélvica e retroperitoneal à direita, sendo que nesta última promove infiltração do aspecto lateral e anterior direito do corpo vertebral de L3 e lesão óssea isolada no aspecto inferior e direito da asa sacral ao nível do corpo vertebral de S1.

Nota: Como achado adicional, observamos ainda imagens nodulares com sinal heterogêneo no parênquima pulmonar e hepático, que deverão ser melhor avaliadas através de estudo específico.

Encontrei esse texto nas minhas anotações. Durante a doença, nos tornamos especialistas em leitura de laudos, exames e bulas. Naquela época, eu entendia metade do que estava escrito e usava o Google como tradutor e intérprete. Ansiedade pura. Todos os exames traziam mais do mesmo. Eu sabia que não tinha cura, mas, como minha mãe, eu guardava sempre um fiapo de esperança.

DIA NORMAL

Bom dia, Ana.
Escrevo hoje porque a notícia é boa e notícias boas podem ser dadas no domingo. Hoje, pela primeira vez em muitos, muitos dias, minha mãe acordou, tomou café e voltou a descansar sem reclamar de enjoos, dores e mal-estares. Muito obrigada. Que seu domingo seja ainda melhor do que o meu. Beijo.
Ana, boa tarde. Desculpe incomodar. Comemorei antes do tempo.
Falamos às 11h. Desde 12h, ela está muito enjoada. Melhorou um pouco na hora do almoço. Havia tomado Motilium às 12h30. Até comeu. Mas desde então tem reclamado muito nos períodos em que não dorme. Alguma sugestão? Ela adora Eparema. Pode tomar?
É assim. Vivemos instantes de bem-estar, que, quando cessavam, tornavam-se terror e tortura. Para seguir em frente, vale qualquer paliativo, qualquer placebo. Eparema e Buscopan, da embalagem roxa, eram os nossos preferidos.

MEMÓRIA EM FORMA DE DIÁRIO

Ana, boa noite.
Por favor, não precisa ler nem responder.
Trata-se de um diário. Um relato. Uma memória. A segunda-feira foi melhor que o domingo. Oba. Ela acordou às 8h30 e tomou café às 9h. Sem ânsia de vômito, porque funcionou dar o Motilium 30 minutos antes das refeições. Ela também se convenceu. Então, temos o efeito químico e o placebo trabalhando a nosso favor.
A dor está sob controle.
Ela também parou de lutar contra a morfina. A dor dá sinais, ela toma meio comprimido. Tem dormido muito para driblar mal-estares, enjoos e, principalmente, o cansaço.
  A notícia boa é que quando acorda, está bem. Apaixonou-se pela série da Rainha Elizabeth na Netflix. Então, hoje tivemos bons momentos nas refeições e nas duas horas em que assistimos à TV. Na minha aritmética, são três horas e meia. E 20 horas de bom sono. O resto, banho e banheiro. Estamos muito bem. Obrigada por tudo. Beijo.

Doutora Ana Claudia:
– Amei o diário

COMO É DIFÍCIL PEDIR AJUDA

Bom dia, Ana.
 Uma ajuda, sem pressa. Hoje minha mãe teve uma baita diarreia pela manhã. Havia tomado, ontem à noite, 25 gotas de Guttalax. Reduzo para 20? Pode ser efeito colateral do Haldol, que agora está em 20 gotas? A propósito, posso diluir as 20 gotas em água? Ela está reclamando do gosto.

 Doutora Ana Claudia – Hoje não dá o Guttalax e observamos como fica. Amanhã pode dar 20 gotas. Pode diluir em água, sim. Manda um beijo com sorriso pra ela. E um pra você também.

 Minha resposta irritada, de cuidadora cansada:
 Melhor não mandar beijo nem sorriso. Hoje ela está brava. Quando teve a diarreia, sujou todo o banheiro. E queria limpar. Tive que gritar com ela para tomar banho e depois ir para a cama e me deixar fazer o trabalho. Ficou uma fera. Ela é como aquele personagem do seu livro que não admite que o mundo seja imperfeito e, pior, que as coisas não sejam exatamente do jeito que ele quer. Tadinha. A doença e seus efeitos são o pior castigo (ou lição?) que ela poderia ter.

 A resposta, como diria minha mãe, foi um "tapa com luva de pelica":
 – Claudia, nesse aspecto, ela é vivíssima. Corajosa. Não se entrega. Concordo com você.

Toma.

    Mamãezinha, aprendi contigo a me virar e a fazer tudo sozinha. Aprendi contigo, no fim da vida, a pedir ajuda e parar de querer fazer tudo sozinha. Não é uma tarefa fácil. O hábito de sair fazendo é maior que o cansaço, a preguiça e a impossibilidade. Mas acho que estou melhorando. Sempre que puder, vem até aqui soprar bons conselhos nos meus ouvidos. Eu preciso.

SOCORRO!!!

Bom dia, Ana.
Tudo bem? Estou precisando de uma ajuda. Desde o episódio da diarreia, quando minha mãe perdeu o controle, ela está apavorada com a ideia de não conseguir chegar a tempo à privada. Vale lembrar que ela usa fralda.
Faz dois dias que não dorme direito de noite. Acorda de hora em hora para ir ao banheiro. Quanto muito, faz umas gotas de xixi. Volta para a cama e se reinicia o ciclo. Atualmente, tem dormido mais horas seguidas de dia do que de noite.
Ela também segue reclamando de enjoo. Durante o dia, vai ao banheiro, tenta vomitar e não consegue. Depois que cumpre esse ritual, sente-se melhor e até come. Estou acompanhando também esse ciclo, deixando-a fazer sem comentar nem criticar. Tem funcionado para ela comer.
Tenho a impressão de que existe um comportamento repetido, uma espécie de mania que ela desenvolveu para tentar reencontrar o ponto de equilíbrio dela. Faz sentido? Devo deixá-la seguir? Um ponto importante: ela se recusa a tomar o Neozine à noite. Continua reclamando de dores. Sigo dando morfina, às vezes de duas em duas horas. Às vezes, mais espaçado. É normal a dor ir aumentando dia a dia?

Fazia muitas perguntas no desespero de entender o que estava acontecendo conosco. Aprendi com Ana que acertar as dosagens é uma ciência empírica. A dor aumenta com a progressão da doença, que, no caso da minha mãe, avançou em direção aos ossos. O Neozine é para sedação e terapia adjuvante para alívio do delírio, agitação, inquietação, confusão, associados com a dor em pacientes terminais. A morfina tira a dor, mas aumenta os efeitos colaterais, que são muitos. Ler a bula da morfina é uma experiência única. Entender os motivos, também. Enquanto estava envolta pela bruma cinza da dor, do medo, da dúvida e da responsabilidade, não conseguia ver direito o óbvio que hoje me é tão claro e, por isso, escrevo.

Ana Claudia um dia tentou traduzir para mim com a singela frase: ela está com medo desse mundo desconhecido do corpo dela, onde ela não pode ter controle de mais nada...

Minha mãe controlou tudo e todos a vida toda. Eu aprendi a controlar mil coisas, mil processos e centenas de pessoas com ela. Fui muito bem-sucedida por isso. Hoje, exatos dois anos após a morte dela, estou suando para aprender a lidar com a perda do controle sem precisar de morfina nem de câncer. Obrigada, Ana. Sigo aprendendo.

UM DIA SEM DOR

Bom dia, Ana.

Escrevo porque a notícia é boa, muito boa, e alguém como você merece receber várias notícias boas durante o seu dia.

Ontem, enfim, depois de duas noites acordando 13 vezes para visitar o banheiro e não encontrar nada, minha mãe topou tomar o Neozine. 10 gotas. 12 horas de sono com apenas três interrupções. Uma à meia-noite, outra às 4h e uma terceira às 6h, porque a pessoa é realmente resistente e odeia muito, muito mesmo, perder o controle.

O café da manhã sem enjoo, no qual ela tomou leite e comeu torradas. Assim, sutilmente, foi discutindo as sensações. Estava inconformada. Sentia-se mole. Aliviada. Descansada. Sem controle. Risos.

"Mas você sente dor?", perguntei. Não, foi a resposta. Resposta rara nos últimos tempos, afinal, ela tinha tomado apenas meio comprimido de morfina nas últimas 13 horas. "Mas isso não é bom?", retruquei. Inconformada, ela respondeu: "Isso é ótimo".

E vamos em frente, beijo e bom feriado.

VOCÊ VAI FICAR MUITO CANSADA

Um dia, Ana Claudia me deu esse aviso. "Você vai ficar muito cansada". Na hora, não entendi. Ela queria dizer que eu também iria precisar de ajuda e não conseguiria, sozinha, controlar tudo com a minha mãe. Eu, como ela, não gostava de perder o controle. Por isso, claro, desconversei. Minha resposta literal: "Entendi. Mas acho que esse dia ainda não chegou. Ela ainda faz tudo sozinha. Toma banho, vai ao banheiro. Por ser muito reservada, nunca gostou de ter empregados. Acho que só vai aceitar cuidador lá na frente, e talvez prefira ir para uma clínica. Quando eu tiver de viajar – quando a quarentena acabar –, se ela não tiver forças para ir, farei a primeira experiência de colocá-la em uma clínica por um período determinado".

Tola e burra, dei de ombros quando ela repetiu: "Quando você e sua mãe foram ao Cora (*casa de repouso para idosos que aceita hóspedes por temporada, como um hotel*), ela ainda estava muito bem. Hoje o cenário é outro".

A ficha caiu mais ou menos. Respondi que havia entendido. "Vou introduzir esse assunto. Não devo viajar tão cedo. Mas faz sentido. Obrigada pela dica. É bom saber os próximos passos".

Hoje, relendo minha resposta, busco uma explicação para tamanha estupidez. Primeiro, não quis ver o óbvio. A vida estava cada vez mais difícil e sem possibilidade de melhora. Encontro as palavras esperança, desconhecimento e, de novo, esperança. É óbvio que eu sabia que ela estava muito doente. É claro que eu sabia que estávamos em um caminho sem volta.

Mas a gente sempre acha que, sei lá, pode demorar, que um milagre pode acontecer... E assim, vamos sobrevivendo à realidade. Vamos tolerando o intolerável.

A REDE DO CANABIDIOL

No fim de abril, minha mãe chegou ao limite da morfina. Usava oito adesivos grudados nas costas e eu tinha autorização de dar meio comprimido de Dimorf (esse remédio, feito à base de sulfato de morfina, é indicado para o alívio da dor intensa aguda e crônica) sempre que ela reclamava muito, o que acontecia o tempo todo. Com poucas alternativas para aliviar o sofrimento, Ana Claudia sugeriu tentar o canabidiol, conhecido popularmente como CBD. Minha mãe arrepiou os cabelos com a sugestão.

– Filha, vou ficar drogada na minha idade? Você acha certo? Vale a pena?

Claro que eu ri. Ri, principalmente, porque fui eu quem explicou para ela que maconha era uma droga para ser fumada e a cocaína era cheirada ou injetada. No auge da adolescência do meu irmão, ela confundia tudo e ficava muito aterrorizada.

– Mãe, você não irá se drogar. É um remédio. É fabricado nos Estados Unidos, custa uma fortuna e faz muito bem até para as crianças. Você não lembra a história daquela mãe que brigou na Justiça para poder importar o CBD e dar à filha que tinha ataques epilépticos?

– Verdade, me lembro sim. Mas você sabe como eu sou. Os remédios têm um efeito muito forte em mim. Já pensou se tomo e fico doidona? Não gosto de sair de mim...

– Mãe, você terá menos dor, terá mais fome, menos enjoo e vai dormir melhor. O que custa tentar?

Depois de um sim titubeante com a cabeça, ela concordou. Afinal, era uma nova janela de esperança para nós.

Ana Claudia me deu o caminho das pedras. Naquela época, o canabidiol só era vendido no Brasil por meio de importação. Hoje, já existem empresas que produzem o remédio no país, mas ele, infelizmente, ainda custa muito caro, inacessível para a maior parte da população. O processo era complicado e lento. Com a ajuda da médica, me inscrevi no Ministério da Saúde, enviando vários documentos. Depois de dias, eles liberaram uma autorização para eu fazer a importação. Cada frasco com 60 cápsulas custou 150 dólares.

Quem me ajudou nos trâmites foi Cássio Ismael, diretor do EcoGen Laboratories, uma das empresas que fazem o processo. É um anjo que coordena e mobiliza uma rede de solidariedade nacional. Quando fiz a compra dos medicamentos, comentei que minha mãe estava sofrendo muito, que as dores eram monstruosas. Ele, sem pestanejar, pediu meu endereço e trouxe na mesma hora, até nossa casa, um frasco emprestado. Não soube nem o que dizer ou como agradecer. Quando ela morreu, liguei para oferecer de volta a ele os comprimidos que haviam sobrado.

– Calma. Você poderá vender todos e fará o bem para muita gente. Espera um pouco, que vou colocar na roda.

E assim foi. Vendi as cápsulas de CBD para uma família do interior de São Paulo, cujo patriarca estava se tratando do vício em comprimidos para dormir. Outra leva seguiu para o Rio de Janeiro, por Sedex, a fim de aliviar o sofrimento de um homem de trinta e poucos anos que sentia dores terríveis por causa de um tumor cerebral gigante.

Com a minha mãe também funcionou, apesar da desconfiança e do preconceito dela. No dia em que o primeiro frasco chegou, ela estava muito sofrida e chorou de alegria.

– Obrigada, filha. Você se esforçou tanto. Vou tomar, tem que me ajudar.

Ajudou, claro, mas não por muito tempo. Minha mãezinha querida nunca foi fácil. Por que seria nesse momento tão especial?

DONA BARATINHA

Um dia, Marina acordou cedo, ligou para o Chico e sacou da memória uma historinha que tanto eu quanto ele ouvíamos nas nossas infâncias. Era da Coleção Disquinho, de pequenos e famosos vinis coloridos produzidos por Braguinha.
– Lembrei de uma música que você gostava. Vou cantá-la para você: *Quem quer casar com a senhora Baratinha, que tem fita no cabelo e dinheiro na caixinha. É carinhosa e quem com ela se casar, terá doces todo dia no almoço e no jantar.*
    Quando ouvi a história, ela já tinha morrido. Nunca saberei se foi uma brisa do CBD ou piada particular com o neto primogênito.

MÚSICA AO LONGE

Erico Verissimo escreveu um romance chamado *Música ao longe*. Minha mãe adorava o Erico. Foi ela quem o apresentou para mim. Comecei a lê-lo pelo clássico *Um certo capitão Rodrigo* e só parei quando as obras todas acabaram. Minha mãe também me ensinou a gostar de música popular brasileira, de tango, Frank Sinatra e Glenn Miller. Lembrei disso agora, ao escrever o título da mensagem para Ana Claudia. Escrever o diário de bordo tornou-se um hábito, uma rotina, como limpar a casa, cozinhar, tomar banho e dar os remédios dela.

Bom dia, Ana.
Final de semana ótimo. Por quê? Porque não precisei encher o seu saco!!! Brincadeiras à parte, foi bom mesmo. No feriado de 1º de maio, Chico, meu filho, fez uma live como se estivéssemos na Pousada A Capela. Convidamos pela rede social os clientes e os amigos. A casa se encheu de música e, pelo Instagram e Youtube, a turma foi chegando. Trancados em casa, demos uma grande festa, que durou quase quatro horas. Foi tão bom.
Minha mãe não quis aparecer. Justificou dizendo que estava muito feia e que tinha vergonha de se mostrar assim. Ela ficou na cama, ouvindo a música de longe e dormitando. A energia foi espetacular e acredito que ajudou no clima de todo o final de semana. Sábado foi tranquilo e domingo também. A dor seguiu forte, mas controlada com o Dimorf, e a vontade de vomitar diminuiu.
Decidi escrever tão cedo porque preciso de orientação para lidar com duas novidades. A perna direita da Marina inchou do pé à coxa. E a orelha, do lado em que ela

costuma dormir virada, amanheceu com uma estranha inflamação que dói muito.

No mais, a rotina segue. O intestino tem funcionado a cada dois dias, ela desistiu de tomar o Neozine, agora levanta apenas seis vezes à noite (eram 13) e tem pedido mais ajuda do que antes para tomar banho e se vestir.

Beijo.

A resposta da médica me ensinou que Marina estava começando a ter uma úlcera de decúbito, escaras típicas de longa permanência na mesma posição... Para a inflamação da perna, receitou diurético. O rim estava funcionando mal, porque já estava maltratado por tantos remédios pesados. Para a dor, adesivos com dosagens maiores de morfina e um comprimido inteiro de Dimorf.

"Que gostoso saber da música! Pode ter deixado tudo mais leve mesmo", concordou Ana.

MADRUGADA NA INTERNET

Bom dia, Ana.
Sou sua paciente coruja. Escrevo para não perder o sentimento. Para não esquecer o que vivi. Ontem, a rainha dormiu do jeito dela. Como fazem as rainhas. Depois que falamos ao telefone, combinei quais seriam os remédios. Ela tomaria o de sempre e, fazendo imenso esforço, experimentaria mais uma vez as dez gotas de Neozine. Repeti para ela várias vezes: você só precisa dormir. Eu preciso dormir.
Acordo feito. Assistimos à Netflix. Ela comeu um pouco de frutas. Perguntou se devia tomar remédio. Respondi que ainda era cedo. Ela reclamou de dor. Tirei do bolso meio comprimido de morfina e dei a ela. Assistimos mais cinco minutos de televisão e ela decidiu deitar um pouco para a dor passar. Dormiu.
Vi toda a programação e nada. Desliguei a TV. Lavei a louça. Arrumei todos os remédios e pensei: daqui a pouco ela vai começar a peregrinação ao banheiro. Hoje ela não escapará do Neozine. Nada. Marina dormia feito anjo.
23h, decidi dormir. Tipo mãe de bebê pequeno. Melhor dormir agora, porque daqui a pouco a demanda irá começar. Às 3h30, acordei com um barulho. Ela estava soluçando dormindo. Durou três minutos e se acalmou. De longe, continuei a olhar a mãe, a rainha. Ela respirava fraco, mexia-se um pouco. Cuidei de fazer pouco barulho. Não queria acordá-la. Queria que descansasse. Que parasse de sofrer. A filha velando a mãe. Pensei em tudo.
Estava sem sono, inquieta, emocionada. Fui pesquisar na internet. Encontrei um documento de 86 páginas do

Instituto Nacional de Oncologia sobre a doença e seus estados terminais. Lendo, entendi o porquê dos soluços, da dor, da bulimia, da alucinação, da depressão, do enjoo. Estágio 3. Escala de Karnofsky, 35%. Acabei de ler e voltei para a cama. Pensei, rezei, agradeci.

No próximo domingo, fará seis meses que meu pai morreu. Implorei, de novo, para ele me ajudar a cuidar bem dela. Ela soluçou outra vez. Mexeu o braço. Não acordou. Decidi escrever para não esquecer.

Para a doutora Ana Claudia, o melhor remédio foram as palavras: "Você só precisa dormir. E a rainha fez disso um poder". O ser humano é deslumbrante. Para mim, essa noite foi muito especial. Altamente curativa. Obrigada por sua presença.

ÁGUA DE MARINA

Não consigo dormir. Uma hora da manhã e ainda estou no computador lendo, fazendo *scrolling* desnorteado. Ouço um barulho e me levanto. Minha mãe está no banheiro, para variar. Já é a quinta vez desde que foi para a cama.
– Filha, filha, socorro! O teto vai cair! Está caindo muita água!
Fui correndo, feito raio. Será que o vizinho deixou a banheira encher e transbordar? Será que o cano arrebentou? Cheguei ao banheiro e tudo estava perfeito, seco, intacto. Por segundos, não entendi. Será que ela está sonhando, sonâmbula?
– Olha filha, quanta água... vai buscar panos na cozinha. Traz as toalhas de banho que estão no meu quarto.
Ela estava bem acordada, tendo uma real alucinação. O que eu faço, meu Deus?
Durante o surto de minha mãe, não lembrei dos avisos da médica, da literatura oncológica que havia lido, dos efeitos colaterais descritos na bula dos remédios.
Durante a primeira alucinação, fiquei paralisada, em pânico, atônita e desesperada. A mulher adulta, madura, bem-sucedida, voltou a ser uma garotinha apavorada frente à missão de cuidar da própria mãe.

DESESPERO POR WHATSAPP

Bom dia, Ana.
Que noite!!!!!!!!!!! Vou precisar de ajuda. Antes de descrever o que houve, três pontos: a dor diminuiu com o CBD; quando está bem, tem se mostrado mais consciente do que está acontecendo; e percebe que não consegue mais fazer as coisas sozinha. Agora há pouco, deixou que eu ajudasse a vesti-la; ela está tendo as primeiras alucinações e tem uma forte memória delas.
Vamos aos fatos.
1. Ontem, ela teve dezenas de ondas de enjoo, sofreu com isso o dia e a noite inteiros.
2. Começou a ter confusão mental. Não sabia que dia era, achou que tinha esquecido o próprio aniversário, não lembrava que tinha tomado os remédios e passou o dia pedindo que eu trouxesse a medicação.
3. Durante a madrugada, teve uma alucinação barra-pesada. Achou que o teto estava desabando por causa da água. Via uma cachoeira no banheiro. Eu acudi, desconversei e a acalmei. Garanti que daria um jeito. Consegui levá-la para a cama, cobri-la, e ela voltou a dormir. Depois disso, quem não dormiu fui eu.
4. Depois da alucinação, ela acordou mais três vezes. Foram 9 ao todo. Despertamos às 7h, porque hoje vem a faxineira e temos de ir para minha casa (sim, isso a deixa ansiosa). Agora há pouco, quando vim vê-la, estava acordada e atenta. Disse que teve mais duas alucinações. Viu água no chão. Viu meu pai. Está conversadeira. Começa a perder a vergonha de aceitar ajuda. Daqui a pouco, vamos para a minha casa.
5. Tem tomado todos os remédios. Menos o Neozine.

6. Tem tomado água.
7. Não come quase nada.
8. Não vomitou nenhuma vez.

A VISITA

Minha mãe lembrava bem dos sonhos e sempre encarou muitos pesadelos. Quando criança, era comum eu acordar com ela gritando. Meu pai a acalmava e dormíamos de novo. Os mais recorrentes versavam sobre água e encontros com pessoas importantes na vida dela que haviam morrido. Minhas avós e tias-avós paternas eram as principais protagonistas. Às vezes, ela também sonhava com a própria mãe, também Marina, com quem teve muitos conflitos.

Ela falava sobre meu pai diariamente nos últimos seis meses. O luto só não era maior que a dor e o medo da Covid. Um dia, ela acordou rindo.

– Filha, hoje estou muito feliz. Eu vi seu pai! Ele veio me ver. Agradou meu rosto. Segurou minha mão. Não disse nada, mas sorria. Parecia muito feliz. Foi diferente daquele sonho que eu tive, quando ele apareceu aqui e deitou ao meu lado na cama.

Fiquei sem saber se tinha sido sonho ou alucinação. Ambos fariam sentido, assim como uma mistura entre sonho, alucinação e imaginação. Adoraria ver meu pai e minha mãe. Por várias vezes, tive a impressão de vê-los ao longe, caminhando pelo clube.

O amor faz cada coisa.

'EU NÃO VOU FICAR BOA'

Este relato foi escrito às 3h41 (esqueci de colocar a data) de um dia de maio. É a oitava vez que ela se levanta para ir ao banheiro. Está sem dor. Os comprimidos de morfina seguem na mesinha ao lado da cama. Me viu e contou que tinha evacuado. Ao voltar para a cama e deitar, falou que tinha parado de ver a água caindo do teto. Nem terminou a frase e começou a sentir uma onda de enjoo. Parece até que o comentário sobre o fim da alucinação fez a realidade revirar seu estômago.

Ela sentou na cama, olhando fixo para o armário onde guardava suas roupas mais queridas. Começou a respirar forte, puxando o ar. Sentei ao lado dela. Peguei em sua mão. Estava fria. Sem olhar pra mim, ela disse:

– Acho que não vai dar certo. Eu não vou ficar boa. Não vou poder ficar sozinha.

Minha ficha caiu. Ela estava sem dor pela primeira vez em muitos dias e voltou a raciocinar de maneira clara, como sempre fez. Com carinho e doçura, eu juro, a provoquei:

– Mãe, hoje você está bem, sem dor, e por isso soltou todos os macaquinhos no sótão, como diria o papai. Está pensando na vida. E por isso está sentindo enjoo. Você está com medo?

Na mosca.

– Não é medo. É que eu quero ficar boa. Ter um plano. Saber como vai ser. Voltar a cuidar da minha vida.

De novo, o eterno retorno. "Isso não vai ter, mãe...". Ela não me deixou seguir com a realidade. Sem dureza, mas com firmeza, cortou meu argumento.

– Vamos dormir, filha. Estou com sono. Você acha que essas coisas que eu estou vendo, essa água caindo do teto, é por causa do câncer?

Cansada de guerra, calei-me e aliviei. "Não sei, mãe. Amanhã pergunto para a doutora. Tenta dormir".

No dia seguinte, Ana Claudia respondeu ao texto com uma carinha triste.

– Isso deve mudar. Agora que está mais confusa, pode ser que não fique tão relutante... Ela está em progressão de doença e por isso o cérebro não fica em estado normal. A confusão é produzida pelas toxinas do fígado e do rim, que começam a não funcionar...

Eu – Ana, por favor, venha explicar isso para ela. Quem sabe ela aceita ouvindo isso de você, que é médica.

Doutora Ana – Vou explicar. Aproveito e digo agora para você. Pode estar chegando o momento em que ela pode adormecer, com remédio ou pela doença...

Eu – Adormecer quer dizer apagar? Perder a consciência?

Doutora Ana – Sim.

Eu – Se for para ela sofrer menos, vou rezar por isso.

No meio da dor, da compreensão da chegada à última fase do videogame da vida e de tanto medo, trocamos carinhos e comentários a partir da descoberta de amigos comuns muito queridos. Renata e Rogério Zé, que mandaram e receberam beijos.

Doutora Ana – Rogério Zé é seu amigo?!?? Meu Deus, que mundo infinitamente pequeno e lindo que a gente habita.

RIR PARA NÃO CHORAR

Bom dia, Ana.
Lá vem textão de novo. Este é até engraçado. Ontem, a rainha-mãe dormiu do jeito dela outra vez. Depois que desligamos, o combinado foi canabidiol só amanhã. Ela, infelizmente, continua achando que vira "craqueira" quando toma uma cápsula. Em troca, ela tomaria dez gotas de Neozine para tentar dormir bem.
Acordo feito. De novo, *The Crown*. Casamento da Rainha Elizabeth em crise. Mais uma vez, ela disse que precisava de um cochilo. Foi para a cama. Fiquei até meia-noite acordada, esperando que despertasse. Nada. E não é que às 5h30 ela acorda linda, descansada como uma princesa e toda suja nas fraldas? Brinco:
– As rainhas só fazem mesmo o que querem. Não queria o remédio, dormiu profundamente por conta própria.
A danada riu, feliz. "Jura que você não me deu remédio?". "Juro pelo meu filho", respondi. Voltou para a cama. Está dormindo agora. Dou notícias quando ela acordar. Beijo e obrigada por tudo.
Ana, apenas uma atualização. Ela acordou e tomou um pouco de leite. Estava bem-disposta e lúcida. Aproveitei para explicar sobre os remédios. Disse para que servia cada um. Falei da morfina e dos efeitos bons e ruins dela. Falei das possíveis origens da alucinação. Ela se acalmou e tomou todos, feliz. Tomou, inclusive, canabidiol. Já falei que você viria domingo, Dia das Mães. Ela achou uma boa ideia. A ansiedade e a agonia, portanto, por hoje, passaram. Agora dorme de novo, como um bebê. O novo poder da rainha. Beijo.

ANSIEDADE

Boa noite, Ana.
Escrevo porque espero não te incomodar amanhã. Ela segue estável (!?!). Dorme 22 das 24 horas do dia. Levantou apenas para tomar café, almoçar e, com minha ajuda, tomar banho. Espero fazê-la tomar uma canja daqui a pouco. Felizmente não teve ondas de enjoo e até comeu um pouco. A dor está razoavelmente controlada. Segue muito confusa e esquecida. Teve dois episódios rápidos de alucinação. Em um deles, por uma fração de segundos, achou que eu tinha desaparecido enquanto eu estava na frente dela.
Está sensível. Quando falei mais alto e enfaticamente, achou que eu estava brigando com ela e pediu comiseração, choramingando. Segue questionando o Neozine (dei dez gotas ontem). Não vou dar hoje. Negociarei mais uma cápsula de canabidiol, que suponho estar ajudando neste ligeiro apetite e no controle da dor. Ela quer te ver, porque segue ansiosa com o futuro.
Você consegue vir aqui domingo? Beijo.

VÉSPERA

Eu – Boa noite, Ana. Tudo bem? Vc acha que pode ver minha mãe nos próximos dias?
Doutora Ana – Oi, Claudia, consigo sim. Como ela está hoje?
Eu – Mal. Muito confusa. Com muita dor.
Doutora Ana – Agitada ou fica na cama?
Eu – Praticamente não saiu da cama. Só levantou para o almoço e um lanche. Dorme o tempo todo. Diz que está muito mal e tem chamado muito por você. Por isso, te incomodei no sábado.
Doutora Ana – Vou amanhã, às 17h. Sem falta.

DOMINGO DAS MÃES

Doutora Ana – Oi, Claudia, como está tudo por aí? Estou terminando uma consulta e daqui a pouco vou! Se estiver tudo melhor, me avisa?
Eu – Estamos aqui. Ela está estável. Se não puder vir hoje, eu aviso a ela. Mas seria legal vê-la nesta semana.
Doutora Ana – Chego em 15 minutos.

 O Dia das Mães sempre foi uma data muito comemorada por nós, até eu começar a trabalhar com turismo na alta estação e escolher o mês de maio para tirar férias. Em 2020, por causa da pandemia, não havia férias, nem trabalho, nem nada. Tentei organizar um almoço especial para deixá-la feliz. Chico também veio. Trouxe o violão para alegrá-la. Tentar repetir a cantoria da Páscoa, que tinha feito tão bem para todos nós. O dia estava azul, ensolarado, apesar do frio. O almoço, infelizmente, não aconteceu como previsto. Ela estava fraca, enjoada, cansada. Comeu um tico e foi para a cama. Nem foto fizemos. Ficamos, eu e Chico, na sala, tocando violão e cantando, na esperança de que ela ouvisse do quarto e sentisse nas notas, nas canções, no meu desafinar, todo nosso amor.
 Eu sempre chamei minha mãe de "mãezinha", "Marininha" ou "dona Marina", que era o jeito carinhoso com o qual meu pai brincava com ela. Chico só a chamava de "vó". Não era um vó qualquer. Era sonoro, intenso, transbordando de amor. Quando ela estava mal, ele a consolava, econômico nas palavras e carinhoso nos olhares e na atenção. Foi disponível, generoso e corajoso até o fim.

No último Dia das Mães da avó amada, Chico lhe deu de presente uma serenata. Evitou Caymmi, cujas canções traziam memórias intensas da mocidade. Cantou Rita Lee, Chico Buarque, Caetano Veloso, Roberto Carlos e Alcione, todos que ela adorava. Registrei quatro canções no meu celular e assisto aos vídeos enquanto escrevo. Marina não aparece. Ficou no quarto. Nós não estávamos radiantes, mas o clima não era de tristeza nem de velório. Havia vida no ar. Marina sempre foi alegre, otimista e positiva. Paulo adorava fazer piada nas piores situações. Acho que conseguimos honrar o modo leve deles de viver a vida.

COMO A BRANCA DE NEVE

Ana Claudia chegou, pontualmente, às 17h do domingo. Estava paramentada como um astronauta. Usava escudo facial de plástico, máscara N95. Avental descartável. Meia descartável para os sapatos e luvas plásticas. Era uma imagem tão surreal quanto a nossa situação. Minha mãe na cama, de pijama de *plush*, cabelo penteado, carne e osso, consumida pelo câncer, preparada para realizar seu último desejo: dormir até morrer.

Antes, porém, Ana Claudia falou bastante. Com seu jeito doce e sua capacidade de explicar o inexplicável, ela antecipou as cenas dos próximos capítulos. Minha mãe ficaria mais cansada. Não teria condições de tomar banho sozinha, fazer sua higiene pessoal. Precisaria de ajuda. Explicou por que ela estava tendo alucinações. Falou da morfina. Pediu que ela tomasse o canabidiol e aceitasse o remédio que a fazia relaxar e dormir.

– Marina, chegou a hora de você pedir e aceitar ajuda.

Ela fez que sim com a cabeça, sem muita convicção. Com a voz fraca, meio rouca até, repetiu o texto do meu pai seis meses antes.

– Doutora, eu não aguento mais. Quero dormir até morrer. Eu sei que isso é possível. Meu pai era médico e fez isso com minha tia Finoca. Ela tinha câncer no pâncreas e estava sofrendo muito. Então, ele a internou no hospital e a pôs para dormir. Quero dormir no dia do meu aniversário, 20 de maio.

E assim ficou combinado. Ana partiu com a missão de organizar um time que pudesse assisti-la em casa. No dia seguinte, me enviaria um orçamento. Eu procuraria um plano B, uma clínica onde ela pudesse ser internada.

Chico ficou no corredor, escutando a conversa, e acompanhou Ana Claudia quando ela saiu.

Não lembro o que senti, nem o que pensei. Me recordo apenas da sensação de estar cumprindo o que prometi no início. Acatar todos os desejos da minha mãe, por mais difíceis que fossem. Antes de ela dormir, prometi que iria organizar tudo do jeito que queria.

Às 22h, eu já estava incomodando a médica novamente.

Eu – Desculpe ligar, mas estou assustada. Ela acordou. Tirou a roupa e foi para o banheiro sozinha. Trôpega, claro. Não aceitou ajuda. Não deixou apoiá-la. Nas tentativas, me xingou muito. Levei uns 20 minutos para convencê-la a voltar para a cama. Como devo agir se voltar a levantar? Melhor eu dormir no chão, ao lado da cama, para evitar uma queda?

Doutora Ana – Calma, a conversa de hoje foi intensa e pode ter tido uma repercussão difícil. Pode dar 20 gotas do Haldol e meio comprimido de morfina. Deve ajudar a acalmar...

Eu – Tenho certeza de que a conversa pegou pesado. Ela ficou 30 minutos dormindo de olho aberto. Fiquei ao lado dela, alisando-a como a um bebê. Tenho medo. Ela é muito dura na queda. Brava. E na casa dela, ela manda. Vou dormir no corredor...

Doutora Ana – Sim, mas agora ela vai ter de confiar... ou esse tempo será bem trabalhoso pra ela... Faz uma caminha bem gostosa. Faz de conta que você está em um acampamento. Capricha no conforto usando travesseiros e almofadas para te pôr em posição quase fetal. Vai ajudar a te proteger e também a seu ciático!

Eu – Ok. Farei. Foi duro. Ela jamais fala a verdade. Especialmente se a verdade é desagradável. Quando ela está alterada, a caixa de pandora se abre. Ela falou horrores para mim. Verbalizou todas as opiniões que manteve bem guardadas durante toda a minha vida. Disse o que realmente pensa sobre mim e sobre as escolhas que fiz que ela nunca aceitou de verdade. Agora ela está sem filtro e sem mentira. E a verdade assusta tanto quanto vê-la sem batom ou maquiagem. Enfim, uma longa conversa para a terapia. Obrigada pelo carinho.

CERTO? ERRADO?

Mãezinha, hoje é Dia das Mães de novo. Todos os segundos domingos do mês de maio são. Faz dois anos que você decidiu dormir. Hoje, com o tempo e o distanciamento, entendo a sua coragem e lucidez. Não é fácil fazer o que você fez. Não é fácil pedir o que você pediu. Tanto que no dia seguinte ao seu pedido, achei que você não ia segurar a onda. Pediria penico e desistiria.
Estou em Lisboa, onde não tive a chance de te trazer. Não deu tempo. Acho que você iria gostar, se sentir confortável por causa da língua e das semelhanças. Creio que não acharia tão elegante e europeia quanto Paris. Lisboa é meio baiana. Mais relaxada. Cheia de charme, dengo e vida.
Lembrei da nossa última noite em casa. Depois da visita da doutora Ana Claudia, você dormiu. Quase imediatamente. Duas horas depois, acordou transtornada. Fiquei assustada, com medo. Justo eu, que tinha fama de não ter medo de nada. Foi difícil te acalmar. Quando consegui, você voltou a dormir. Daí, só acordou mais duas vezes. Foi ao banheiro, voltou e dormiu. No final, até que foi uma noite boa, perto das outras.
Entendo suas críticas às minhas escolhas. Fiz certo? Fiz errado? Quem sabe? O importante é que você e o papai sempre me apoiaram, deixando de lado a opinião de vocês. Obrigada por isso.

DIA H

Logo que acordei, Ana Claudia me escreveu. Queria saber como havia sido a noite. Respondi com total franqueza:
– Não foi das piores depois do episódio no banheiro. Estou esperando para ver o que sobrou da decisão de ontem. Confesso que não vejo convicção. Muito menos disposição para ceder a alguém estranho que vá entrar na casa e na vida dela. Tomara que eu esteja errada.
Ana Claudia – Já estamos preparadas para o ritmo dela, dois pra frente, dois pra trás. Precisamos fazer este movimento inicial. Senão, será um caos. O que ela vive agora é incompatível com ficar em casa sem assistência especial... Já passei a situação e a proposta de intervenção – sedação paliativa intermitente com enfermagem 12 horas noturna... Vão te ligar hoje.
Eu – Posso perguntar se ela prefere ir para o hospital?
Ana Claudia – Claro.
Eu – Ok. Nos falamos mais tarde.
Não deu tempo de receber propostas nem orçamentos. Como uma daquelas ondas gigantes de Nazaré, a realidade nos engoliu. Era preciso fazer algo tipo imediatamente. Liguei para a médica.
– Oi, querida, desculpe. Ela acordou. Acho que será melhor internar. Definitivamente, não me deixa ajudá-la. Não me deixou chegar perto para trocar a fralda quando foi ao banheiro. Quando voltou para a cama, começamos a conversar. Perguntei se ela queria ir para o hospital ou ficar em casa, com enfermeira. Ela muda de assunto e só pergunta: "Como eu fiquei assim?"
Mãezinha, juro que não sei como você ficou daquele jeito. Pele e osso. Sem fome. Sem vontade. Morrendo

de dor. Às vezes, eu ficava brava. Outra vezes, eu ficava irritada com você. Te peço perdão todos os dias por esses momentos em que eu perdi a cabeça. Eu sei que era muita dor, muito remédio e muita loucura para alguém que raramente tomava uma aspirina. Que sempre foi linda, forte, independente. Juro que só queria ajudar. Fazer por você o que você faria por mim.

O LADO B DA PANDEMIA

A ironia do destino nos salvou. Você tinha pavor da pandemia, que ainda estava no início. Foi justamente a Covid e a ignorância de todos nós sobre ela que facilitaram a nossa vida. Os hospitais estavam vazios. Ninguém marcava cirurgia eletiva. Ninguém se atrevia a sair de casa.

Naquela segunda-feira, a Roberta, sempre ela, conseguiu te internar em um apartamento no Hospital 9 de Julho. Naquele momento, era melhor ter um doente terminal pagando para usar o quarto e receber cuidados paliativos do que manter o apartamento vazio. Nem precisei chamar a ambulância. Você se vestiu e se maquiou, colocando pó compacto no rosto e batom nos lábios. Chico segurou o espelho para você. Passou escova nos seus cabelos. Correndo, arrumei uma muda de roupa para os primeiros dias: pijama, *peignoir*, chinelo, óculos, calcinhas e meias. O táxi, chamado por aplicativo, chegou rápido e entrou na garagem do prédio. Descemos devagarinho pelo elevador da área de serviço. Chico te amparou e ajudou a te colocar dentro do carro. O motorista, gentil, aceitou que você não usasse máscara. Naquele momento da pandemia, ele sabia que podia tomar uma multa por isso. Era cedo, a cidade estava vazia e ele sentiu o clima pesado. Falamos pouco, muito pouco, durante o trajeto. Chegamos em 15 minutos no hospital. Parecia que estávamos fazendo check-in em um hotel, tamanha a tranquilidade.

Doutora Ana Claudia, mais uma vez, foi maravilhosa. Não exigiu o Hospital Albert Einstein, onde ela atendia e que não estava em nosso plano. "Leva para aquele em que você vai se sentir mais segura! Eu fico na retaguarda sempre", ela prometeu. Foi tudo muito rápido. Quando já estávamos internadas, Roberta quis falar com Ana Claudia. Mandei uma mensagem.

"Roberta é minha irmã de coração e acompanha a doença da minha mãe desde julho de 2018, quando ela teve o primeiro diagnóstico. Ela está fazendo a internação, gostaria de trocar uma ideia com você. Posso dar seu telefone?". O claro veio a jato e, a partir desse instante, você (e eu também) ganhou uma nova qualidade de vida.

Nossa primeira semana foi tranquila. Nos acostumamos a outra nova rotina. As enfermeiras te ajudavam em tudo. Você reclamava, mas obedecia. Comia pouco, mas havia oferta de alimentos saudáveis o tempo todo. Eu não precisava mais pensar nos remédios. Parte deles vinha pela boca. Outra parte era injetada. Você dormia cada vez mais. De noite, com o famoso Dormonid. De dia, com a sua própria vontade.

Ana Claudia seguia nos acompanhando de longe. Roberta e seu marido, Campora, também médico, faziam as visitas diárias.

– Oi, Claudia!!! Já ia mandar mensagem pra saber como estão todos por aí! Roberta me deu notícias essa semana!!!

– Sim, estamos muito bem. Ela está muito bem cuidada. Sem dor. Tranquila e sem enjoos. Eu estou com vida de madame. Quando ela dorme profundo, caminho pelos corredores, leio, vejo televisão. Na medida do possível, estamos ótimas. Hoje meu irmão chega do Rio de Janeiro para vê-la. Fica até dia 21, logo, estará aqui no dia do aniversário dela.

AMIZADE

Sibelle – Querida, boa noite! Passando a ronda pra saber de você, de dona Marina... Como estão?
Eu – Oi, amiga, passei na frente da sua casa hoje. Se não estivesse corrido, tinha parado. Que falta fazem os abraços. Estamos no hospital. Minha mãe foi internada na semana passada.
Sibelle – Puxa, teria descido para te dar um abraço à distância. Como ela está?
Eu – Foi o melhor que podia acontecer para nós. A doença está galopando. Ela está fraquinha, dormindo quase o dia todo, porque mal tem forças para respirar. Enfim, sigo com ela, rezando para Nossa Senhora da Boa Morte. Que ela embarque logo na carruagem dela, de rainha.
Sibelle – Querida, sinto muito. Meu coração ficou muito apertado agora. Está consciente? Sempre que estiver consciente, diga todas as palavras de amor que puder.
Eu – É tudo o que tenho feito e, mais uma molecagem, tenho agradado muito o cabelo dela. Ela nunca deixou bagunçarmos o cabelo dela.
Sibelle – Sempre tão arrumada! Impecável! Vai de carruagem ao encontro do amor da vida dela!
Eu – Isso. Segundo Chico, no céu dá para andar de carro conversível sem despentear o cabelo. Acho que, em breve, os dois vão dar rolê juntos.

A conversa foi com Sibelle, mas representa todas as conversas amorosas que tive com amigos queridos e generosos.

MEMÓRIA QUE FALTA

Não consigo lembrar direito como foi a primeira semana de hospital. As memórias são confusas. Recordo que senti um baita alívio por poder contar com a ajuda de profissionais. Ver Roberta ou Campora todos os dias também era um presente. Podíamos falar. Eu podia perguntar e, principalmente, desabafar. Os abraços eram proibidos, mas trocávamos olhares de carinho e compaixão.

Me lembro que o tempo demorava a passar. Como acordo cedo e durmo tarde, o dia era longo. Nos primeiros dias, ainda interagia com minha mãe. Falávamos um pouco. Assistíamos Netflix, novela... Eu ainda a tinha do meu lado... Depois, eu lia, via televisão, caminhava pelos corredores, comia, escrevia, lia notícias, trabalhava. Quando ela dormia profundamente, aproveitava para ir à Avenida Paulista comprar alguma coisa na farmácia ou nos pequenos mercados da região.

Um dia, decidi que merecia tomar um vinho e me dediquei a realizar a estripulia. A compra foi uma operação. Estava tudo fechado. Encontrei uma loja de bebidas que fazia delivery. Fiquei parada na porta do hospital, esperando o motoboy. Me senti cometendo um crime. Tão estranho. Graças à sorte, a garrafa não tinha rolha, mas rosca. Bebi no copinho de plástico, feliz.

Meu filho veio várias vezes ver a avó. Quando ele vinha, eu saía. Por causa da Covid, cada paciente tinha direito a apenas uma visita por vez. Sentia saudade dele. Sentia saudade da Nil, dos amigos, de Zapata, meu cachorro de São Paulo, da Bahia...

Minha amiga Giselle falava comigo por WhatsApp todos os dias. Tinha paciência, generosidade e empatia. Conversa de cuidador é muito chata. Não temos novidade alguma para contar. O assunto é sempre o mesmo. Mais dor, mais enjoo, mais tristeza, mais morte. Me lembro que um dia ela pediu licença para dar uma notícia boa. Tinha ganhado um cachorrinho da filha. Fiquei tão feliz. Noutro dia, mais um alento. Desta vez, da Roberta.

– Sei que não é justo com você, Clau, mas vou ter que contar. Bibi e o namorado aqui estão fazendo bobó de camarão para o almoço. Ela é danadinha essa menina!!!

Das memórias que não faltam, lembro que rezava muito para meu pai, minha avó Gina e para Nossa Senhora da Boa Morte. Assistia às missas que passavam pela televisão e, aos domingos, acordava tão cedo que a única programação era mesmo a missa do padre Marcelo Rossi, celebrada em um imenso galpão na Zona Sul de São Paulo. Eu não fazia cerimônia, rezava com ele.

MAMÃE FAZ 77 ANOS

O desejo combinado no Dia das Mães era o seguinte: em 20 de maio, data do aniversário de 77 anos, Marina se despediria de nós e tomaria medicação para ficar sedada e dormir até o fim. A despedida não aconteceu. Antes de o dia 20 nascer, ela já estava dormindo por conta própria, como havia previsto Ana Claudia. Dormiu o dia inteiro. Mesmo assim, os homens da vida dela, Pedro, o filho, Silvio, o genro, e Chico, o neto primogênito, vieram se despedir. O hospital não permitia aglomeração. Subiu um por vez. Eu fiquei no térreo, esperando.

Nenhum dos três me contou o que disse e o que fez. Tiveram um momento de privacidade, que, tenho certeza, foi sentido por ela como um último carinho. Ela era muito amada e querida.

Marina era reservada e cheia de cerimônias. Quando combinou a hora da partida, não deve ter calculado o constrangimento. Por isso, o cérebro de minha mãe foi o maestro da despedida. Desligou o corpo dela antes da hora e evitou, na minha opinião, uma dor maior, que ela não seria capaz de suportar. Como olhar para o filho querido e dizer: se cuide, fique bem porque eu vou morrer? Como beijar Chico pela última vez e se lamentar por não o ver recebendo o diploma universitário? Como abraçar Silvio e repetir, sem chorar, que o tinha como um filho?

O último aniversário de minha mãe não teve bolo, vela, pique-pique. Lhe demos beijos, carinho e o presente foi dormir sem dor, quase em paz.

O QUE É A MORTE?

A primeira vez que me deparei com a morte acho que tinha 3 anos. O canário Chuí, do meu tio Silvio, morreu. Adorava Chuí. Adorava o meu tio. Cheguei na casa dele e o Chuí não estava. Estranhei. Ele não saía da gaiola por nada neste mundo. Também tinha as asas cortadas e por isso não sabia voar. Perguntei por ele e me disseram que tinha voado para o céu. Achei tão longe. Depois da partida de Chuí, passei a associar a habitual ida ao cemitério no dia do meu aniversário – Dia dos Mortos – a uma viagem para o céu. O cemitério era, portanto, uma espécie de rodoviária. De lá, os parentes partiam para o céu. Era tanta gente...
   Antes da morte, eu ouvia falar que acontecia uma tal de sororoca, um sinal de que Ela estava chegando a cavalo. No dicionário tem uma boa descrição:

A sororoca (também conhecida como ruído da morte ou "death rattle", em inglês) consiste em uma respiração ruidosa, causada pelo acúmulo de secreções no trato respiratório superior. Ela acontece nas últimas horas ou dias de vida.

Hoje, eu sei o que é. Um barulho tremendo. Assustador. Minha mãe perdeu a já comentada elegância. Ela começou a sororocar logo depois do seu aniversário, mais ou menos uma semana antes de morrer. Fazia um barulho estranho, justo ela que nunca deu um peido, um arroto na minha frente. A enfermeira correu. Fez uma limpeza nas vias respiratórias e parou com o barulho. Perdi o sinal.

Passei a me guiar pelas expressões faciais. Pelos gestos. Minha mãe tão linda foi ficando feia, seca, ossuda. Parecia um passarinho, uma aranhinha... Mas respirava forte. Com tanta vontade, que eu ficava confusa. Perguntava para um, perguntava para outro. Encurralava as enfermeiras e médicos com minhas dúvidas mórbidas. Era só silêncio. Ninguém me explicava que a morte estava à espreita. Um dia, Chico mandou um texto do Eduardo Galeano. Parecia um prólogo.

Outro músculo secreto, de Eduardo Galeano, in *O livro dos abraços*.

Nos últimos anos, a Avó estava se dando muito mal com o próprio corpo. Seu corpo, corpo de aranhinha cansada, negava-se a segui-la.
– Ainda bem que a mente viaja sem passagem – dizia.
Eu estava longe, no exílio.
Em Montevidéu, a Avó sentiu que tinha chegado a hora de morrer. Antes de morrer, quis visitar a minha casa com corpo e tudo.
Chegou de avião, acompanhada pela minha tia Emma.
Viajou entre as nuvens, entre as ondas, convencida de que estava indo de barco; e quando o avião atravessou uma tempestade, achou que estava numa carruagem, aos pulos, sobre a estrada de pedras.
Ficou em casa um mês.
Comia mingaus de bebê e roubava caramelos.
No meio da noite despertava e queria jogar xadrez ou brigava com meu avô, que tinha morrido há quarenta anos.
Às vezes tentava alguma fuga até a praia, mas suas pernas se enroscavam antes que ela chegasse na escada. No final, disse:
– Agora, já posso morrer.
Disse que não ia morrer na Espanha.

Queria evitar que eu tivesse a trabalheira burocrática, o transporte do corpo, aquilo tudo: disse que sabia muito bem que eu odiava a burocracia.

E regressou a Montevidéu.

Visitou a família toda, casa por casa, parente por parente, para que todos vissem que tinha regressado muito bem e que a viagem não tinha culpa.

E então, uma semana depois de ter chegado, deitou-se e morreu.

Os filhos jogaram as suas cinzas debaixo da árvore que ela tinha escolhido.

Às vezes, a Avó vem me ver nos sonhos. Eu caminho na beira de um rio e ela é um peixe que me acompanha deslizando suave, suave, pelas águas.

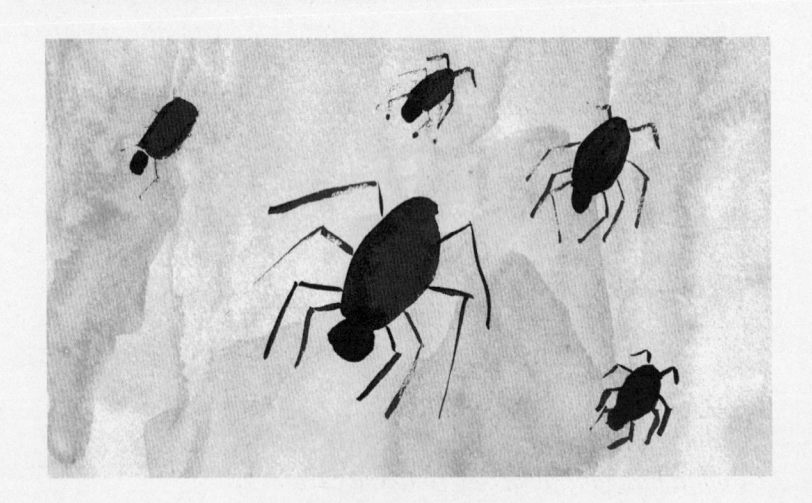

TEMPO

Quando minha mãe virou Branca de Neve e dormiu, as horas ficaram mais longas. Os minutos, eternos. Ela não mais me ouvia. Não respondia às minhas perguntas. Sabia que os amigos estavam cansados das minhas lamúrias. Não queria encher Chico com minhas dores. Então eu caminhava. Andava pelos corredores vazios 10 mil, 15 mil, 20 mil passos. Caminhava e cantava, para não perder a razão.
Sujeito de sorte, de Belchior, foi escolhida como a minha música. Comecei a cantá-la ainda no Hospital 9 de Julho.

Presentemente eu posso me
Considerar um sujeito de sorte
Porque apesar de muito moço
Me sinto são e salvo e forte

E tenho comigo pensado,
Deus é brasileiro e anda do meu lado
E assim já não posso sofrer
No ano passado
Tenho sangrado demais
Tenho chorado pra cachorro
Ano passado eu morri
Mas esse ano eu não morro

AGONIA

"Meu Deus, quando isso acaba?", perguntei alto, para mim mesma, depois da décima volta nos corredores do quinto andar do hospital. No relógio, a marca de 10 mil passos percorridos em uma hora. Ao chegar na porta do quarto, ponto de partida e de chegada de cada volta, ouço minha mãe rugindo. Entrei para ver o que estava acontecendo. Deitada de barriga para cima, sobre dois travesseiros, vejo-a dormindo. Ela estava de boca aberta, emitindo sons estranhos. Os dois braços se moviam, como se tentasse afastar um bicho, um monstro, algo muito amedrontador. Com a mão esquerda, ela cobre a testa. Com a direita, segura o peito. Parecia buscar conforto. Não me parece encontrar. Não resisto e tiro uma fotografia com o celular. A imagem me lembra o quadro *Desespero*, do pintor francês Gustave Courbet, com a diferença de que ela estava de olhos fechados.

A agonia que vejo nela me ocupa. Invade meu peito. Empesteia meu nariz. Embrulha meu estômago. Sinto medo, impotência, dor e muita compaixão. Eu sabia que ela não sentia dor física, porque estava dopada e medicada. Mas ela sofria.

– Mãezinha, não quero que você sofra. Não aguento mais te ver sofrer tanto. Não sei o que fazer. Não sei como ajudar. Eu te amo tanto.

Agon vem do grego e significa, literalmente, luta, conflito. Marina pediu para dormir quando perdeu a esperança de um milagre. A dor era maior do que tudo. Maior do que o amor por Chico, por mim, por Pedro e João.

A decisão foi racional, lógica e, também, desesperada. Ela falava muito sobre a velhice e a morte, mas, de verdade, não estava preparada para partir. Por isso, resistia. Lutava. Brigava para ficar um pouco mais em um corpo em frangalhos, roído pela coisa.

– Por que, mãe? Por que você não consegue ir? Vai ficar tudo bem. Prometo.

Ela não pareceu ouvir meu apelo. Seguiu com seu estertor ruidoso, lívida e com a boca seca, porque aberta. Decidi rezar Pai-Nossos e Ave-Marias alternados. Meus apelos eram para Nossa Senhora da Boa Morte.

A devoção a Nossa Senhora da Boa Morte chegou ao Ocidente com o nome de "Dormição da Assunta". É um eufemismo da Igreja. O culto mariano, iniciado nos primeiros séculos do cristianismo, substituiu morte por "dormitio" (dormição), já que a morte muitas vezes é comparada ao sono, na Bíblia. "Muitos daqueles que dormem no pó da terra despertarão, uns para a vida eterna, outros para a ignomínia, a infâmia eterna", diz o livro. Estudei a vida toda no Colégio Assunção de Nossa Senhora. Acho natural pensá-la subindo aos céus.

Quando comecei a trabalhar e viver na Bahia, conheci o culto a Nossa Senhora da Boa Morte, realizado na cidade de Cachoeira, no Recôncavo baiano. A festa, belíssima, acontece há mais de 200 anos no mês de agosto. É organizada por uma irmandade de senhoras negras, descendentes de pessoas escravizadas e adeptas do catolicismo e do candomblé.

A prece à mãe de Jesus traz em seu final o supremo pedido: *"Santa Maria, Mãe de Deus, rogai por nós, pecadores, agora e na hora de nossa morte, amém".*

A agonia da minha mãe durou seis longos dias. Teve todos os sinais descritos na literatura médica. Imobilidade, alteração das feições, estertor ruidoso, perturbação dos sentidos, lividez, secura da língua, fraqueza do pulso, pés e mãos muito frios. A respiração forte do início diminuiu. Tornou-se difícil e, às vezes, quase imperceptível. Era quando parecia estar no fim – expirar pode ser sinônimo de morrer. Errado. O coração merece o epíteto que a ciência lhe deu: ultimum moriens. É o último que morre.

Eu acho que o coração da minha mãe era grande e forte.

GRATIDÃO 2

No dia 26 de maio, acordei e lembrei que estava com uma dívida. Na correria dos últimos dias em casa, esqueci de pagar a visita que a doutora Ana Claudia nos fez no Dia das Mães. Pode? Aproveitei a deixa para dar um dedo de prosa com ela.

Eu – Oi, Ana Claudia, tudo bem? Me lembrei que não paguei a sua última consulta em domicílio. Por favor, peça para a equipe entrar em contato, preciso te pagar. Estamos aqui no 9 de Julho. Ela disse que queria dormir, né? Pois dorme e respira firme e forte. Espero que você esteja bem. Beijo.
Ana Claudia – Oi! Estava hoje pensando em vocês e já ia mandar mensagem pra ter notícias. Que bom que ela segue mais serena, dormindo no tempo dela. Você tá bem, dentro do possível?
Eu – Confesso que não sei se ela está serena. A respiração é acelerada. E antes dela, já gemeu muito. Às vezes, acho que ela queria e não queria... enfim, nunca saberei. Estou muito cansada. Está sendo um longo parto.
Ana Claudia – Sim... é o caminho dela... Descanse sempre que possível.

Depois da conversa com doutora Ana Claudia, fomos convidadas a mudar de apartamento e ala no hospital. Por causa da pandemia, o andar onde estávamos ficou vazio. Sobramos. A direção decidiu nos transferir, para economizar equipe e serviços. Fomos para um andar movimentado e cheio de pacientes. Parei de rodar pelos corredores. Fiquei com medo de pegar Covid. Acho que minha mãe também ficou.

27 DE MAIO, É A VIDA QUE ME CHAMA

Acordei cedo. Tomei café e sentei ao lado dela. Ficamos de mãos dadas. Por pouco tempo.
– Meus amores, vovó pegou sua carruagem agora e partiu.

DECLARAÇÃO DE DESEJO

Minha mãe foi cremada no mesmo dia em que morreu. Escolhi uma roupa marrom, que tinha levado para o hospital, calça de lã e *twin set*. Não coloquei os óculos. Pedi para passar batom e ajeitar, com cuidado, os cabelos brancos cacheados.

Não pus no caixão os papéis que ela guardava para serem queimados junto com ela. Eles estão comigo. Nem a lona do caminhão, na qual ela pedia para ser embrulhada, exagerando o tamanho do seu falso desprendimento.

Não teve velório. O caixão ficou fechado, porque ela não queria que ninguém a visse feia. O câncer, de fato, destruiu sua beleza.

Ela foi cremada no mesmo crematório de meu pai. Os funcionários nos reconheceram quando chegamos. Dessa vez, fomos em três no carrinho. Eu, Chico e Silvio. De novo, não quisemos música, padre nem flores.

Eu não precisava esconder a tristeza. Nem Chico, nem Silvio. Choramos por ela e por meu pai. Choramos por nós.

Dias depois da cremação, arrumando as coisas dela, encontrei um documento escrito em caixa-alta e datado de 14 de agosto de 1998. Nele, minha mãe pedia que fosse cremada. O caixão deveria ser simples e barato e precisaria permanecer fechado. Ela pedia que não houvesse flores nem coroas, nem a publicação de obituário, menos ainda a realização de missa, e que todos esses gastos desnecessários fossem doados à caridade.

Foi uma descoberta preciosa e feliz em um momento tão triste. Sem saber, atendi a todos os pedidos dela. Conhecia minha mãe. Amava muito minha mãe. Compartilhávamos um amor profundo e respeitoso.

MINHA HOMENAGEM

Minha mãe, Marina, também conhecida como a vó do Chico, a vovó Vogue, partiu ontem. A carruagem de rainha estacionou e ela partiu. Foi se encontrar com meu pai. Essa história quem conta bem é Francisco Mieli, num lindo texto publicado por ele.

Desde ontem, tenho recebido mensagens de muito carinho. Acho que a maioria ainda não consegui responder porque, confesso, estou muito cansada e muito emocionada. Desde 17 de março, estávamos juntas 24 horas por dia. Minha mãe fez escolhas difíceis para enfrentar um maldito câncer e lutou bravamente, do jeito que decidiu lutar. Foi corajosa. Foi uma heroína.

Agora é só festa no céu, com a elegância e a simplicidade que foram a marca registrada dela. Minha mãe era Vogue mesmo.

AMOR INCONDICIONAL

Antes de engravidar e parir, ouvi muito falar do amor incondicional materno. Não entendia como isso era possível, já que sempre achei que o amor fosse fruto de cumplicidade, intimidade e atração. Quando Chico nasceu e olhei para ele pela primeira vez, ainda tonta pelos esforços do parto, confesso que não senti grande coisa. Fiquei aliviada por ele ser saudável.
Conheci o amor incondicional três dias depois, quando voltei para casa com meu bebê no colo, e minha mãe estava lá para me ajudar e ensinar. Ela o pegou no colo com tanto jeito e paixão, que naquele exato instante senti meu amor incondicional por ele e por ela brotando.
Desde 19 de setembro de 2002, parei de brigar com minha mãe por motivos tolos. Ficamos próximas, cúmplices e passei a admirá-la mais, porque entendi os desafios da maternidade, do casamento e da vida em família. Minha mãe foi a única pessoa que sempre esteve disponível para mim. Podia ligar a qualquer hora – depois das 19h não, por favor. Estava sempre pronta para me ouvir e, se preciso fosse, me colocar no colo e me confortar, até mesmo quando não concordava comigo.
Sinto muita falta disso. Por isso, hoje falo sozinha, conversando com ela. Comento coisas. Conto histórias. Faço perguntas. Peço ajuda. Falo com ela, com meus bichos e com as coisas que gosto. Converso com as roupas, por exemplo, se estou fazendo a mala. Converso com as tintas, se estou aquarelando. Mãe, que falta você faz.
Marina era linda e elegante. Era simples e, ao mesmo tempo, sofisticada. Conversava com qualquer um.

Falava muito, porque sentia vergonha do silêncio, do branco, da falta de assunto quando estava na companhia de estranhos. Estranho era qualquer pessoa que não pertencesse ao seu núcleo familiar. Comigo, ela falava porque gostava. Eu adorava falar com ela, especialmente quando estávamos sozinhas. Era nosso momento de cumplicidade. Raramente brigávamos quando não havia um terceiro elemento tecendo conflitos. O câncer, muitas vezes, atuou como terceiro elemento e ela brigou feio comigo por tentar intervir e tentar ajudá-la.

Gentileza era a qualidade que definia minha mãe. Sempre tinha uma palavra boa para dizer a alguém, mesmo que fosse mentira. Se, por exemplo, encontrava alguém feio, dava um jeito de achar algo que merecesse um elogio verdadeiro. Do tipo: "Nossa, como é bonita a cor do seu esmalte" ou "adorei o seu corte de cabelo". A pessoa partia feliz. Depois, ela até podia criticar, mas sempre após proferir a palavra boa.

Ser gentil era a razão de ser dela. Marina só não era gentil quando ficava brava. Era horrível cruzar com ela nesse estado. Danada, ela era uma fera. Fera furiosa. Aprendi com ela a ser gentil e a ser fera. Ela dizia que eu era muito brava. Discordo. Mas ela também discordava quando eu dizia que ela era muito feroz.

No dia seguinte à partida dela, recebi uma mensagem de condolências que me emocionou e surpreendeu. Ao ler, descobri que a gentileza de Marina era de notório conhecimento.

Querida Claudia e Chicão,

Dona Marina – ou Marina, como ela insistia que a chamasse – é dessas pessoas nas quais as outras todas, todas mesmo, deveriam se espelhar!

Quando a via – em absolutamente todas as distintas ocasiões – ela fazia questão de deixar o ambiente mais leve, dava um jeito de atravessar alguma ponte ou até mesmo construir – se necessário fosse.
Não tinha tempo ruim. E nem pessoa ruim com ela. Sempre vendo o lado cheio do copo. Gente assim faz a diferença no mundo.
Sei que palavras não confortam nem atenuam a dor da perda, mas espero que esse tipo de grandeza, permeado de delicadeza, força motor que parecia orientar cada gesto nela, agora vai revestir a saudade de uma sensação leve e firme – como ela era.
A lembrança de Marina fica para mim como um grande exemplo de pessoa, mãe e avó, já que admiro e gosto demais tanto da filha quanto do neto. Virou estrela-guia – brilhante e poderosa. Fiquem com meu carinho imenso. Estamos aqui.

Beijos grandes.

Claudia, Fernando e Valentina

IGUAL A SUA MÃE

Minha mãe era muito diferente de mim. Eu achava. Ela também. Contava que quando nasci, eu era a cara do meu pai. Desconsolada, ficava na frente do espelho comigo no colo, procurando semelhanças. Quando me tornei criança, as diferenças se acentuaram. Eu era desengonçada, atrapalhada, moleca. Era desmilinguida, enquanto ela, sempre impecável. Também era destemida, ousada e bagunceira. Marina foi medrosa, precavida e muito organizada.

Na adolescência, um abismo nos separou no que dizia respeito aos modos, desejos e opiniões. Mesmo assim, adorávamos ir juntas às compras, ao cinema e ao clube. Gostávamos das mesmas músicas e cantávamos juntas, sem voz e sem muito jeito. Quando decidiu aprender a dirigir, fui sua copilota. Andava com ela pra baixo e pra cima, ajudando-a a conduzir. Ela sentia muito medo. Eu brincava com isso. Cobria meus olhos com um lenço, meu lenço de estimação, quando trafegávamos por ruas movimentadas. O sufoco passava e, então, chorávamos de rir.

Graças a ela, sempre fui livre. Pude viajar, namorar, fumar, beber e fazer planos arrojados. Meu único impedimento era andar de moto. Tínhamos um trato. Eu podia fazer de tudo. Menos andar de motocicleta. Não podia pilotar nem podia andar na garupa. Cumpri o acordo à risca até os 44 anos, quando precisei subir em uma moto para voltar para o hotel em uma madrugada de carnaval. Estava trabalhando. Não era farra, não. Para não quebrar o acordo, enquanto rezava para não cair da garupa, fiz uma promessa de alto comprometimento. Jurei que nunca mais colocaria um cigarro na boca.

Um dia contei a história para ela. Ela riu, feliz, e me perdoou.

– Quando eu morrer, você pode voltar a fumar. Estará livre.

Ela era surpreendente.

Minha mãe foi dona de casa a vida toda. Trabalhou em uma loja chique no Shopping Iguatemi, que ficava na rua de nossa casa, por apenas três dias. Teve medo. Teve preguiça. Teve vergonha. Não sei ao certo. Apesar de não ter trabalhado, ela sempre me incentivou a ser livre e independente. Seu mantra, quando eu era jovem, foi: "Trabalha, filha. Com o trabalho, você poderá fazer o que quiser da sua vida". Anos depois, quando eu era adulta, independente e bem-sucedida, ela lamentava o fato de eu trabalhar muito: "Filha, trabalhe menos. Não se canse tanto".

Minha mãe era muito diferente de mim, mas eu fiquei muito igual a ela. Ser gentil tornou-se um hábito meu. Às vezes, irrito as pessoas e sou duramente criticada por ser gentil demais e preocupada demais com o bem-estar alheio. Minha mãe era assim. Sempre perguntava se estava tudo bem. Se os outros estavam bem. Me lembro que nessas ocasiões, quando estava ansiosa demais em agradar a todos, ela também me irritava um pouco. Definitivamente, ficamos iguais.

A DESPEDIDA DA VÓ

Chico, meu filho, foi meu suporte, meu parceiro e companheiro em toda essa jornada. Fiquei sem pai nem mãe e ele ficou sem avô nem avó. Nossa quadrilha terminou. Compartilhamos o sofrimento e o descanso deles. Sentimos a dor deles e a nossa. Repousamos com tristeza, quando tudo acabou. Ele escreveu este lindo texto no dia seguinte à partida de minha mãe. Pedi emprestado para publicar aqui, porque é bonito demais de ler.

Na beleza do frio alvorecer de ontem, dia de céu azul sem nuvens, vovó Marina seguiu, serena, para a sua festa eterna. Como quem se arruma para um grande e abstrato baile, minha avó querida escolheu descansar aos poucos: prática, mas mansamente, como era do seu feitio. Pena que tenha havido doenças e sofrimento nesse processo tão importante e que exige muita, muita vida. A esta hora, ela já deve ter alcançado vô Paulo, que se adiantou em sua travessia no ano passado. E então, será novamente tempo de valsas, boates, Glenn Miller e Nat King Cole... Nossas madrugadas serão preenchidas pela inoportuna buzina de um jaguar verde conversível no qual eles, jovens porque juntos, cruzarão os mundos que um dia sonharam conhecer.

A quem fica, marés de lembranças e a certeza de muito amor, muito sentimento. A mim, uma falta imensa que, a cada momento, se preenche de mais e mais presença: sinto-os perto, em mim, para sempre e como nunca. Nosso trio era imbatível!

Vovó se orgulhava da afinidade que tinha comigo, encontro de outras vidas e que, nesta, começou em meu terceiro dia, quando foi chamada para ajudar os meus pais de primeira viagem. Vêm dela, também, minhas primeiras palavras, gestos e sensações.

E assim seguimos, em 17 anos de cumplicidade, trocas e tantas risadas, tanta história e contos de fada, Monteiro Lobato, Erico Verissimo, Édith Piaf, Dorival Caymmi, Moreira da Silva, que o vovô adorava e ela não...

Com a sua partida, sinto terminar a minha infância, numa passagem triste e linda, como deve ser. Que bom ter tido a chance de últimos e marcantes momentos com ela no isolamento desta quarentena. Despedidas, desfechos, fins de ciclo... Pudemos cantar, mais uma vez, "Ai, Ioiô, eu nasci pra sofrer...", "João Valentão é brigão", "Dora, rainha do frevo e do maracatu...", "Menino do Rio, calor que provoca arrepio...", "We're not too young at all...". E, claro, "Marina, morena Marina", que, como ela, se pintou e partiu – para lá, onde há nada, nada do que pensamos encontrar. Vai tua vida, vovó, que estarás comigo.

AS COISAS DE MARINA

Minha mãe não gostava de acumular coisas. Desde sempre, objetos, roupas, utensílios, livros desapareciam na calada da noite de nossa casa. Ela enjoava e, na surdina, sumia com a coisa. Fazia isso também com as roupas e objetos que eram dela. Mesmo assim, quando morreu, deixou quatro armários cheios de belas roupas, bolsas e sapatos. Deixou também uma casa bem decorada, com móveis antigos e de valor.

Chico, Giselle e Roberta me ajudaram a celebrar a memória dela na operação de esvaziar o apartamento para alugá-lo. No último fim de semana de maio, um sábado gelado, Gisa e Beta foram para lá tomar um lanche comigo. Comidas gostosas e espumante com as louças mais belas que ela tinha. Depois de rirmos, chorarmos e lembrarmos, fizemos nossa farra, como quando éramos crianças do primário ou ginásio, tanto faz.

Primeiro, entreguei os presentes que ela deixou. Giselle ficou com o celular, um iPhone bem novinho, que ela comprou poucos meses antes. Roberta recebeu uma linda bolsa preta Dior, que ela ganhou de mim e nunca usou. Estava na caixa preta e chique da loja. Parecia que tinha sido comprada na véspera. Enxugadas as lágrimas, fomos ao trabalho. Dividir as roupas que podiam interessar a ambas e a Fanny, irmã mais velha da Giselle, de quem minha mãe gostava muito. Foi uma bagunça gostosa. Lembramos de muita coisa que vivemos juntas e homenageamos a elegância perpétua de Marina.

A segunda fase do processo contou com Chico, que passou tardes ao meu lado embalando objetos e selecionando roupas para doação. Maria, nossa funcionária, foi a principal herdeira. Organizamos um estoque generoso de roupas, que ela vendeu em um brechó montado em frente à casa dela. Foi um sucesso. As roupas de Marina eram impecáveis, sem manchas, bolinhas e máculas. Eram a cara dela.

O BANCO

Tomo o banco dos meus pais na alameda do clube
Agora é meu
Aqui sento e espero
Também lembro
Também reparo em quem passa
Me surpreendo com os que não morreram
e com os que sumiram
São os mesmos de máscara
Outra. A máscara da pandemia
Espero porque tenho tempo
Eles não tinham
Mas esperavam também

A BAHIA TE ESPERA

Sempre sonhei morar na Bahia. Me mudei 13 dias depois da partida de minha mãe e sete meses após o adeus ao meu pai. Fui em busca do calor e do mar. Os primeiros dias foram acelerados e festivos. Quando a excitação da mudança passou, o sol ficou escondido na névoa de minhas retinas. Minha visão se turvou. Enxergava tudo cinza, nublado e opaco. A pandemia fechou meu negócio por quatro meses. O dinheiro minguou. A vida ficou difícil. Antes de os hóspedes voltarem, quando a tristeza ficava insuportável, eu corria para o deck de madeira, olhava o mar e gritava:

E tenho comigo pensado
Deus é brasileiro e anda do meu lado
E assim já não posso sofrer
No ano passado

Tenho sangrado demais
Tenho chorado pra cachorro
Ano passado eu morri
Mas esse ano eu não morro

Uma, duas, três, 200 vezes. A canção de Belchior continuou sendo, por muito tempo, o hino da minha dor.

FUGA

Não lembro direito o que aconteceu. Tudo o que eu via pela janela que dava para a Faria Lima, com a tela de plástico branco para evitar a fuga dos gatos, era cinza e neblina. A memória também era gris, com fragmentos de imagens dos 18 dias caminhando nos corredores do Hospital 9 de Julho, velando o estertor dela.

Não lembro direito o que aconteceu. Acordei e quis sair para procurar o sol. Também queria um abraço que me engolisse toda. Queria ouvir palavras doces. Queria ser acariciada, acalentada, ninada e protegida. Eu tinha perdido meu útero primordial. Estava só, como nunca havia estado antes. Estava sozinha. Literalmente, sem pai nem mãe.

Não lembro direito o que aconteceu. Abri o computador e comprei a passagem. Foi um impulso. Comprei, como podia ter pulado pela janela se ela não tivesse rede para proteger os gatos. Comprei em dois cliques, sem pensar que, ao fazê-lo, estaria transformando a minha única fantasia em realidade. Puf.

A passagem, a decisão de fechar tudo, colocar em caixas, e cancelar meu endereço na cidade em que não existe amor era o fim do sonho. Acorda, acorda, ladrão! Bom dia, sonho. Bom dia, realidade. Sem fantasia nem carnaval, viajei.

Tinha desejado tanto essa fuga. Visto tantas fotos e vídeos para lembrar os melhores momentos. Dane-se o fim da fantasia. Quero viver o presente, pensava no saguão do aeroporto, enquanto aguardava a chamada do embarque.

A fantasia pode durar uma vida ou a eternidade. Dá no mesmo. Meu coração pedia realidade, mesmo que a paz durasse apenas um segundo. Assim foi. Para me distrair, aprendi a conversar comigo do mesmo jeito que falo com meus bichos e objetos prediletos. Às quintas-feiras, faço aula de pintura on-line. Fiz amigas que não conheço pessoalmente e crio aquarelas. Ainda são toscas, mas eu gosto. Mergulho nas cores como quando vou nadar.

O mar está aqui. O vento, também. Ouço a conversa deles enquanto escrevo e vejo a capela, onde acendo velas simbólicas. Vai dar certo. Vai passar. O importante é ter fé em Deus. Nem sempre tenho, mas isso já não faz a menor diferença. O que importa é que o mar está ali e quando a nuvem se for, o sol aparecerá e o azul será mais azul.

MAIO EM PORTUGAL

Mãezinha, vi tanta coisa que queria te mostrar. Achei que nem precisava fotografar, porque senti que você estava comigo. Parece estranho, mas agora que você viajou, sinto que está sempre do meu lado. Este ano, comemoramos seu aniversário viajando pelo interior de Portugal. Estava no Algarve, numa praia linda. No dia da sua partida – já fez dois anos, mas parece ontem – estava em Lisboa, arrumando a mala para voltar ao Brasil. Não queria. Adoraria poder ficar. Mas eu volto. Depois de tudo o que passamos juntas, depois da pandemia, do meu luto, sinto uma estranha leveza. Nada a declarar, cuidar, controlar ou comandar.

TRÊS ARREPENDIMENTOS

1. Ter sido egoísta e decidido viajar no meu aniversário. Meu pai morreu oito dias depois. Minha mãe morreu 207 dias depois. Por que fiz isso?
2. Ter retornado da cremação de meu pai e feito uma absurda e veloz limpeza nas coisas dele. Minha mãe pediu, mas eu não devia ter obedecido. Não se trata o luto a joelhadas nem a pontapés. Meus joelhos e pés sangraram meses a fio. Hoje, olho triste as cicatrizes. E o arrependimento segue comigo.
3. Ter enlouquecido e fugido de São Paulo depois que minha mãe morreu. A dor me achou e me embalou. Foram dois anos de resgate. Agora, ao menos, consigo escrever.

LUTO

O dia amanheceu cinza, contrariando a véspera. Levanto do escritório e vou atrás de um café. Ainda é cedo para o tempo da pandemia. Meu filho dorme. Quando lembro que esqueci as luvas e a máscara, vejo o armário de madeira fechado. Abro com cuidado, para não tocar o sino pendurado na porta. Mania de infância. Medo de infância. O sino avisava minha mãe que bisbilhotávamos no armário de preciosidades dela. A porta abre silenciosa.

Antes de ver os copinhos de cristal Lalique, o cheiro me derruba. O cheiro deles. Da casa deles. Naquela fração, juro, eles estavam bem atrás de mim. Bom dia, pai; bom dia, mãe...

Escrevi esse texto para o site Vamos Falar Sobre o Luto?. Ele foi criado por Rita, Mariane, Gisela, Amanda, Fernanda, Cynthia e Sandra, sete amigas que já viveram o luto e um dia se perguntaram: será que podemos fazer alguma coisa por amigos e desconhecidos que ainda passarão por isso? Cynthia de Almeida, jornalista, foi minha chefe e colega na Editora Abril, e me convidou para escrever. Foi um exercício muito importante.

Quando mudei para a Bahia, achava que tinha vindo leve e aliviada. Errei. A sensação de euforia durou pouco. Antes de minha mobília chegar de caminhão, já estava em pedaços. O peso, a pressão, a dor, o cansaço, a saudade e o desconsolo acumulados produziram uma avalanche de tristeza e solidão. Pela primeira vez, fiquei à beira do abismo da depressão.

Nada me satisfazia ou me encantava. Queria ficar só no meu canto. Queria encolher, me esconder, sumir. Também queria falar da minha dor. Ser ouvida. Queria meu pai e minha mãe. Queria poder deitar a cabeça no colo dela, como fiz anos atrás para lamentar minhas perdas. Demorei três meses para descobrir que o que eu tinha não era doença. Não era depressão. Era tristeza profunda. Eram dois lutos seguidos não vividos. Não chorados. Não digeridos. Era a saudade profunda do meu filho, que tinha ficado em São Paulo. Era o descompasso entre a minha alma amassada e a música alegre e vibrante que tocava em todos os lugares, a despeito da Covid. O cartaz imperativo do aeroporto dizia: Sorria, você está na Bahia. Eu só queria chorar. Nunca gostei tanto de poder me esconder atrás da máscara N95.

Os amigos e hóspedes começaram a estranhar. Eu, sempre tão falante, estava monossilábica. Falava apenas o necessário. Me escondia no escritório da recepção. Inventava inúmeros e intermináveis motivos para ficar lá, não ver o sol nem ninguém. Um dia, me chamaram a atenção.

– Dona Claudia, as hóspedes Carol e Luciana estão perguntando pela senhora. Eu não sei mais o que dizer. Pode ir lá dizer "bom-dia?" – pediu um funcionário, confuso com meu silêncio.

Decidi que precisava enfrentar a dura realidade. De máscara, conforme exigia o protocolo, fui encontrar minhas hóspedes queridas e decidi ser transparente:

– Meninas, tudo bem? Vim aqui pedir perdão. Estou muito triste com a partida dos meus pais. Meu luto está muito pesado. Me desculpem.

Terminei de falar chorando e saí correndo. Elas ficaram sem fala e sem graça com a confissão absolutamente verdadeira e antissocial.

Nesse processo, felizmente, aprendi a pedir ajuda. Havia perdido o controle. Era um fiapo fino e esfarrapado. Pedi socorro para Mônica Daltro, amiga e futura vizinha, a psicanalista para quem, um dia, realizei a cerimônia de casamento ao som de "o meu amor tem um jeito manso que é só seu e que me deixa louca quando me beija a boca...". Ela me entregou aos cuidados da psicanalista Suzana Nascimento, que vi apenas uma vez e por quem tenho gratidão profunda. Comecei minha análise em plena pandemia, no dia 17 de setembro de 2020, exatamente um ano depois que soube que meu pai e minha mãe eram doentes terminais.

De lá pra cá, fiz perfurações e terraplanagem. Com meu trator, pá e cavador, tirei muita terra. Escavei. Joguei de um lado para o outro. Arranquei pedras. Assentei o terreno. Fiz novos caminhos. Retomei antigos. E sim, chorei, chorei, até ficar com dó de mim.

Havia chegado a minha vez de sentir. De despir a armadura. Jogar fora o elmo e a lança. A guerra contra a coisa havia acabado. Agora era eu contra os meus demônios. Agora era a minha hora de falar de amor. De sentir o amor. De amar.

AMOR

Depois encontrei meu pai, que me fez festa
e não estava doente e nem tinha morrido, por isso ria,
os lábios de novo e a cara circulados de sangue,
caçava o que fazer pra gastar sua alegria:
onde está meu formão, minha vara de pescar,
cadê minha binga, meu vidro de café?
Eu sempre sonho que uma coisa gera,
nunca nada está morto.
O que não parece vivo, aduba.
O que parece estático, espera.

Trecho de Leitura, Adélia Prado in *Bagagem* (1975)

Eu não sabia como era perdê-los. Eu não sabia reconstruir simbolicamente o nosso vínculo visceral e incondicional. Eu não sabia que a caverna do luto tinha uma entrada e que eu precisaria cavar a minha saída, lá do outro lado. Era o meu trabalho.

Descobri isso depois. Em um encontro com a doutora Ana Claudia Quintana Arantes, de novo ela, em um curso sobre envelhecimento batizado de Oásis. Vinte e oito minutos depois do início da quinta aula, tudo começou a fazer sentido.

"Você vai viver um luto de cada vez, porque as relações são únicas. Mãe e filha. Pai e filha. Você não se tornou especialista em luto porque eles morreram com apenas seis meses de distância. Você perdeu um de cada vez. Você vai viver um luto de cada vez. Em caso de perdas sucessivas, você vai demorar mais para reconstruir os vínculos.

A experiência de reconstrução não é algo treinável. Não dá para imaginar como é perder a pessoa. Não dá para deixar a mala pronta".

Cavei com ajuda, mas sozinha. Um dia, vi o sol. No outro, enxerguei o mar. Depois, me peguei cantando Moreira da Silva, que meu pai adorava.

– *Etelvina!*
– *O que é, Morengueira?*
– *Acertei no milhar*
Ganhei 500 contos
Não vou mais trabalhar
Você dê toda a roupa velha aos pobres
E a mobília podemos quebrar
– *Isto é pra já, vamos quebrar*

Não demorou muito e voltei a ver os vídeos do meu filho cantando para mim e minha mãe. Ela gostava tanto.

Marina, morena
Marina, você se pintou
Marina você faça tudo
Mas faça o favor
Não pinte este rosto que eu gosto
Que eu gosto e que é só meu.

Nossas conversas voltaram. Eram leves e divertidas. Sem lamúrias. Com risos. Brincadeiras. E uma saudade gostosa de quem sabe que não está só. De quem sabe que tem amor e reciprocidade. Amo meus pais e a morte deles não nos separou. Fui amada e sigo sendo amada por eles.

O amor mostrou o caminho da saída. O amor me iluminou. O amor me devolveu à luz, como quando nasci. Sair da caverna foi meu segundo parto.

"Como é que você sabe que reconstruiu o vínculo?", pergunta Ana Claudia. A resposta me envolveu como um abraço: "Quando você reconhece que foi amada por aquela pessoa que morreu! Quando eu me reconheci como a filha amada pela minha mãe, eu elaborei a reconstrução do vínculo com ela. Porque até que ela morra, eu preciso do olhar dela para me reconhecer amada. Porque eu tenho que encontrar com ela e ver o olhinho dela brilhando e pensar 'nossa, minha mãe me ama'".

Hoje, escrevendo essas linhas finais, eu sei que sou amada por Paulo e Marina. Eles estão comigo o tempo todo. Não me sinto sozinha. Me sinto apoiada e comemoro feliz, com eles, grandes e pequenas alegrias. Celebramos o novo estágio do meu filho. O novo amor do meu irmão. A viagem anual do mês de maio. Eles estão dentro de mim. O amor não precisa do tempo para existir. O amor não morre. O amor tem memórias. O amor transborda com a vida. Ela chama.

AGRADECIMENTOS

Minha família e meus amigos foram fundamentais nesta viagem. Sem eles acho que não estaria aqui. Amor eterno é minha única forma possível de retribuição.

Meu imenso obrigada aos médicos e enfermeiros da Beneficência Portuguesa, minha segunda casa por dois anos, por tudo o que fizeram por Paulo e Marina.

Meu reconhecimento, respeito e carinho pela doutora Ana Claudia Quintana Arantes, que apoiou minha mãe nos piores momentos e segue me ensinando a cuidar de mim e dos outros.

Minha gratidão profunda à doutora Roberta Frota Villas Boas, irmã e amiga, que amou e cuidou de meus pais como se fosse filha.

Finalmente, só chegamos a essa penúltima página graças ao apoio dos editores Luiz André Alzer e Bruno Thys e ao incentivo e leitura dedicada e carinhosa de Francisco Mieli, Pedro Menezes, Isabela Politano Larangeira, Flávia Ruiz, Claudia Maximino, Cynthia de Almeida, Helena Bagnoli e Sibelle Pedral, que mergulharam nessas linhas quando ainda havia muito erro e esboço.

Este livro utilizou as fontes Helvetica Neue Condensed
e Libre Baskerville. A primeira edição foi impressa
no papel Pólen Natural 80g na gráfica Rotaplan,
em setembro de 2023, exatos quatro anos depois
que Claudia descobriu que os pais, Paulo e Marina,
tinham cânceres em estágio avançado.